U0003268

YOSEMITE

Four Seasons

林心雅◎文　李文堯＆林心雅◎攝影

優勝美地四季之歌

To the attentive eye, each moment of the year has its own beauty, and in the same field, it beholds, every hour, a picture which was never seen before and which shall never be seen again.

Ralph Waldo Emerson

對觀察入微的人而言，
一年之中的時時時刻
都有其獨到之美，
即在同一原野中，
每一刻所看到的景象
都是前所未見，且將永不復見。

愛默森

優勝美地國家公園地圖

托魯米河
Tuolumne River

優勝美地國家公園
Yosemite National Park

州道120號
State Hwy 120

瑪瑟河
Merced River

州道140號
State Hwy 140

瑪瑟河南支流
South Fork Merced River

州道41號
State Hwy 41

N

0 2.5 5   10 Km

優勝美地國家公園與美國位置對照圖

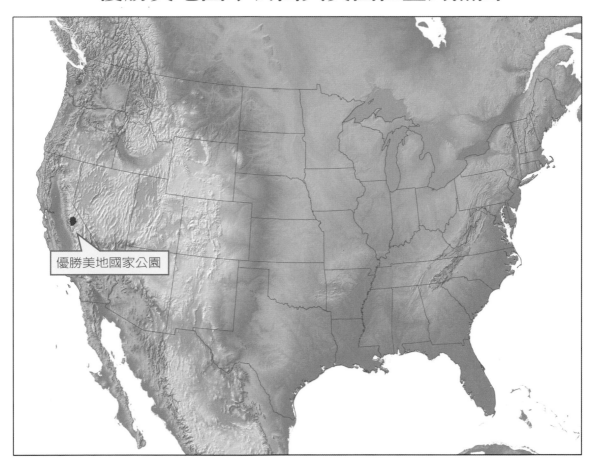

優勝美地國家公園

優勝美地國家公園

位於美國加州中部內華達山脈（Sierra Nevada，又稱雪之山脈），

在舊金山東南方約三百公里處，面積約3081平方公里，

公園海拔高度，從西側600公尺至東側約4000公尺高。

1864年6月30日，由林肯總統簽署法案，

成為全美第一個由聯邦立法保護的州立公園。

1890年10月1日繼黃石（Yellowstone）與巨杉（Sequoia）之後，

成為美國第三個國家公園。

1984年10月31日，被聯合國教科文組織（UNESCO）

列入世界遺產（World Heritage Site）。

目次

Part 2
春｜SPRING　054

CONTENTS

序 prelude

曲

有些地方，一生去過一次就夠了。
有些地方，去了一次還想再去。
有些地方，已經算不清去過幾次了，
可是仍會令人情不自禁地，
想再去一次，
不管是在相同或不同的季節裡……

優勝美地，在我心裡，就是這麼一個地方。

1851年，白人組成的馬里波沙軍隊（The Mariposa Battalion）為了追剿印第安原住民而「首次發現」優勝美地山谷時，隨隊的布乃爾醫生（Dr. Lafayette Bunnell）曾寫下一段相當感人的話：

「人們總說『當偉大的事物呈現眼前時，要用言語來描述那份確切的印象，是很不容易的。』我現在才完全了解這句話有多麼真實。除非親自造訪這極其令人驚奇的山谷，沒人能想像當我看到眼前所展現的景象時，有什麼樣的感覺……這崇高莊嚴的景色，因幽谷上方飄著一層嵐霧而顯得柔和，白雲遮住了高處崖壁與山峰，但這虛無縹緲的意境反而增加了我心中的敬畏。當我注視著，一種奇異的歡愉感幾乎充滿了全身，我發現自己感動得熱淚盈眶……」

我想，任何人像布乃爾醫生那樣第一次看到山嵐繚繞的優勝美地山谷，大都會有這種「言語難以形容」的畢生難忘之感。

因為慕名已久，我們特別珍惜與優勝美地的第一次約會。為了好

寒冬的早晨，結冰的優勝美地瀑布。

好認識她，十幾年前，我和文堯並非像大多數人那樣從公園西側驅車直入，而是由後山托魯米草原（Tuolumne Meadows）入山，在荒野中走了整整兩天，徒步進入優勝美地山谷。

在海拔3000公尺到1200公尺的山區健行，讓我在第一次親近優勝美地時，就見識到她的廣闊及美麗多樣的容貌：青翠開闊的高山草原，如寶石般晶瑩剔透的高山湖泊，晨曦間沁涼的清新空氣，空氣中彌漫的珍貴花香，蔚藍的天空襯著朵朵白雲，山巒間處處點綴墨綠松林，觸目盡是潔淨發亮的花崗岩石，還有沿途那令人仰之彌高的崢嶸岩峰。

猶記得那個炎炎夏日的午後，我們終於爬上稜線，看到半穹頂（Half Dome）的圓拱背脊，也注意到不遠處天空烏雲密布，閃電劃掠天際，不時傳來轟隆隆的雷聲，令人膽戰心驚。本想攀爬心儀已久的半穹頂，在三叉口蠢蠢欲動，卻害怕到了制高點自己將成為一支避雷針。說時遲那時快，一記驚雷打下，理智終於戰勝一切，忍不住兩手摀著耳朵，匆忙取道直下山谷。

6月的優勝美地瀑布，樹葉已變成深綠色了。

托魯米草原一片水鄉澤國，圖左為好視野穹頂（Fairview Dome）。

9月的托魯米草原，空曠的秋色原野。

沿著迷濛步道（Mist Trail）傍臨瀑布陡下。天空開始滴滴答答下起了陣雨，豆大的雨水、奔騰的瀑布，與激濺的水花交織一片，這條步道果然變得迷濛不已。

避開頭頂的閃電，卻開始擔心起腳下的滑石。步道坡度原本就陡，加上被潑得到處是水，更添滑蹭。馱個大背包，不時手腳並用平衡重心。一路陡下，如臨深淵走得戰戰兢兢。上一段內華達瀑布（Nevada Fall，又稱雪之瀑布）高181公尺，陡降到瀑布底，接續另一個近百公尺深的春之瀑布（Vernal Fall）。沿途瀑布聲加雷雨聲，嘩啦嘩啦又轟隆轟隆響個不停，彷彿大自然為迎接我們到來，正傾

1. 雪之瀑布的寬闊岩壁是由冰河所挖鑿，旁為自由帽岩峰。

2. 春之瀑布長97公尺，和優勝美地其他瀑布相比短了許多，但也比尼加拉瀑布高出近一倍。

力合奏一曲驚心動魄的樂曲。我想到1860年代南北戰爭對聯邦貢獻卓著的舊金山牧師Thomas Starr King，他在首次進入這山谷時曾讚嘆道：「優勝美地的音樂，是貝多芬的合唱交響曲……」此時此刻的我，卻覺得與其說是〈快樂頌〉，還不如說是柴可夫斯基砲聲隆隆的〈1812〉交響樂章！

十幾年前的事，歷歷如昨。那真是一場美麗暴風雨，是我們首次進入優勝美地山谷前，一番天驚地動、震撼人心的「大自然洗禮」。

當我們以最快速度衝下山，已是日暮西山，天邊出現了絢麗晚霞。永遠記得，置身山谷草原中，沐浴在金色黃昏裡，呼吸著雨後清新無比的空氣，回首仰望那彷彿遙不可及的半穹頂──夕陽餘暉正打在那面不可思議的峭壁上。岩壁輝映出玫瑰色光芒，襯著完美獨特的造型，宛如一盞會發光的偌大燈籠，更像一座精緻優美的巨大藝術石雕，夢幻般地散發令人目眩的雄偉氣勢。

我們和優勝美地的初次邂逅竟是如此不同凡響。那充滿個性又如此驚世駭俗的磅礡之美，就在那一刻，深深打動了我。

後來我更發現了，除了我們，除了150年前的布乃爾醫生，古往今來還有許多人，對優勝美地都懷有一份深厚感情，都有一段屬於自己的故事。

名聞遐邇的美國自然攝影大師安瑟・亞當斯（Ansel Adams）跋涉荒野山巔，拍下一張張令人動容的作品，曾說：「優勝美地山谷，對我而言，總像陽光一般，在岩石與空間交構的廣大建築中，閃爍著綠色與金色的驚奇光輝。」如果看過安瑟的自傳，就會了解優勝美地對安瑟一生的影響有多深遠，難怪安瑟會這麼說：「當我第一次體驗優勝美地，就知道自己的命運了。」

國際知名的登山攝影作家葛倫・羅威（Galen Rowell）曾遠征喜馬拉雅山、阿拉斯加、南美巴塔哥尼亞登山探險，前後達三十餘次，他在著作中寫道：「有了這樣廣闊的人生經歷，我有足夠的威信這麼說，優勝美地確實是世上獨一無二的。世界上沒有一個地方像她這樣，具有宜人的氣候、輕鬆的越野健行、生物多樣性，以及原始的曠野，這麼多美麗特質集於一身，共同形成這座完美的山岳天堂。」

從冰河點看夕陽餘暉中的半穹頂，後方是雲歇峰。

美國國家公園之父約翰·繆爾（John Muir）一生捍衛這座公園，他的讚美更簡潔有力，他說優勝美地「有世界上最會唱歌的溪流，最高貴的森林，最神聖的花崗穹頂，以及最深峻的冰鑿峽谷」，還說他願意奉獻一生，來讀懂這一篇偉大的山脈史詩。

瀑布自岩峰奔躍而下，河流在樹林中歡唱，不斷蕩漾流動的水，閃耀著迷人的明暗光影。森林、河畔、山巒、草野，觸目所及，盡皆充滿盎然生機。也因此，優勝美地隨著四季流轉所呈現的氣象萬千之美，更是令人讚嘆。

如果你來過這地方很多次了，或許會和我一樣，發現沒有一次看到的優勝美地容貌是完全一樣的。她時而窈窕多姿，時而含蓄靦腆，時而奔放熱情，恰似一位莫測高深的千面女郎，伴著四季飄揚的音符，為大地譜出春嫩的鮮花、翠綠的夏草、金黃秋色與銀白冬景；即便是那看似不變的瀑布，也無時無刻不在飄逸變幻著。

地靈人傑，攝影大師安瑟·亞當斯在優勝美地山谷不知住過多少寒暑，才能創造出一幅幅難以超越的不朽作品。但我並不想超越什麼。只因最初那一場令人心悸的雷雨，讓我對這公園有一份特別深刻的感情；只因先哲充滿感情的著作，讓我渴望去尋訪他們徜徉曠野的足跡。我只想繼續傾聽瀑布溪流一路唱著悅耳動聽的歌曲，只想跟隨季節變換的輕快腳步，用心去捕捉優勝美地如詩如畫般的四季風情。

年華似水，這裡有太多點點滴滴屬於我們的故事與心情。一路走來，只願收集曾經有過的記憶與感動⋯⋯

畢竟，優勝美地，至今依然是我構築夢想的殿堂。

後山荒野，簡單的一樹一石構成別有韻致的畫面。

五月湖畔的一棵枯木，被夕陽打成金色軀幹。

冬

———

winter

I do recall the shivering night and the unbelievable glow of a Sierra dawn. A new era began for me...These qualities to which I still deeply respond were distilled in my pictures over the decades. I *knew* my destiny when I first experienced Yosemite.

Ansel Adams

我仍記得那冷得發抖的夜晚，
以及內華達山脈破曉時美得教人屏息的光輝。
我的生命，就此展開了新頁……
這些至今仍教我深深悸動的自然素質，
歷經數十年時光的焠煉，
已融入我的作品當中。
第一次體驗優勝美地，
我就聽見命運的召喚了。

安瑟·亞當斯
《光與影的一生》

不似在人間

　　會深深愛上優勝美地，是因為她的冬季。

　　十幾年前剛從東部搬來加州的第一個冬天，我一心一意想到優勝美地去度過第一個耶誕節。

　　那年夏天，我和文堯已從後山托魯米草原走到前山優勝美地山谷。自那以後，山谷莊嚴美麗的輪廓便深深刻印腦海裡。心想，夏天的她已如此迷人，到寒冬之際，當她撲上粉妝、披上一身純白衣裳，該有多麼聖潔啊！

　　懷著無限遐想，在耶誕節前夕奔向她的懷抱。聽說山上剛下過大雪，山區積雪，路況危險，也絲毫不減我們的興致，文堯到店裡買一副雪鏈備用，兩人照樣興高采烈地出發。那次雪下得很大，約到海拔一千公尺處，路上已鋪了層白雪，有些路段還結了冰，轉彎時，可明顯感到車輪在打滑。

　　得把雪鏈裝起來。下了車，寒氣逼人。路邊冰雪融化成水，踩下

1. 大風雪過後的優勝美地山谷，一片銀白世界，不似在人間。

2. 河中冰凍的水草形成奇特的空間三角，構成一幅天然抽象畫。

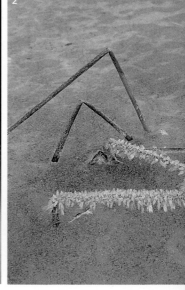

不僅在幽谷中，連崖壁上也點綴一株株覆滿白雪的耶誕樹。

去褲管都被濺濕了，泥濘不堪。文堯拿塑膠袋墊在地上，彎腰屈膝，照著使用圖示，費力地替兩個前輪套上雪鏈。再度上路，裹著鏈子的車輪走在雪地上喀啦喀啦響，一路顛蹭著。也還好及時戴了雪鏈，因為沒多久，我們就看到兩起忧目驚心的車禍：一是兩輛小轎車追撞，可能是煞車失控所致，車頭都撞扁了；另一樁是一輛大型休旅車整個深陷於路旁林子雪地裡，還好不是往另個方向滑下陡峭的邊坡！

這些夏天看不到的「意外雪景」令人心驚。可是這些，都遠不及我們剛進山谷時所感受到的那股震撼來得強烈──讓我和文堯都情不自禁驚呼：「Wow！」為那美得不可思議的滿山滿谷雪景，瞠目結舌。

我如何都無法想像，迎接自己的會是這麼一幅仙境般的奇景⋯⋯

風雪過後，瑪瑟河畔的石頭都戴上冰帽，襯著遠處的艦長岩。

靜謐幽谷中，觸目所及，森林、河岸、溪石、草原，均鋪滿了一層白雪，天地間繪滿如詩畫般的純白景象。林中每一棵樹，不管是橡木、楓樹、花旗雲杉、還是龐德羅沙松，樹枝上都披覆著厚厚的白雪，彷彿，每一棵都被裝飾成美麗的耶誕樹，盈擺著優雅而自信的姿態，雍容獨樹一幟。風兒輕輕吹，細細雪花紛紛自天而降，枝葉間的積雪窸窣抖落，瑪瑟河（Merced River）緩緩低吟著，自高處墜下的瀑布輕唱優柔的冬之曲，而崖頂覆著皚皚白雪的花崗岩峰，依然高傲挺立，宏偉如昔。

　　那並不是我第一次看到這美麗山谷。可是經過漫漫長途的雪中之旅，自己猶如駕著雪車，羽化登仙，翩翩來到一個截然不同的世界。

　　暴風雪後的優勝美地，鉛華盡洗。幽谷枯木，水中寂石，天地間的大片留白，俯拾皆是無法言喻的禪境。連地上的乾草與結冰的河岸，寥寥幾筆勾勒出蕭瑟的線條，都暗示著難以形容的溫柔與細緻。那原始曠野中獨有的蒼涼沈寂，使眼前的一切顯得如此莊嚴而凄美。

　　幽谷之冬，少了喧鬧人潮與擁擠車陣，完全迥異於我們在夏天看到的景象。那遺世獨立的冰清玉潔，深深震撼了我。比初次邂逅留下的印象，更加難以置信，更加令人動容。雖然沒像百餘年前馬里波沙

1. 一身冬裝，肩披白雲圍巾的半穹頂。
2. 夕陽映照著山嵐繚繞、欲語還羞的半穹頂。

從41號公路隧道口看優聖美地山谷：左為艦長岩，右為新娘面紗瀑布，懸谷地形清晰可見，瀑布後方為大教堂岩群。

軍隊的布乃爾醫生那般熱淚盈眶，但也令人感動得幾乎喜極而泣了。

　　漫步森林裡，徘徊河岸旁，迎面而來的，是一幕幕絕俗的冰瀑之美。看著潔白雪地上留下一長串新鮮的足印，無論快慢，走過的必留下痕跡。也不需擔心將通往何處，但看自己想選擇怎樣的人生風景，眼前有無限可能。

　　站在一片銀白世界裡。仰望著雪花自空中翻飛飄落，心也跟著輕輕飛揚，隨著雪花翩然起舞。覺得此時此刻的自己，不似在冰冷人間，而是置身純淨潔白的天堂……

耶誕火鍋

　　驅車前往營地，營地隱藏在山谷東側，靠近半穹頂腳底的森林

冬天營地有開放，但園方並不剷雪，可謂紮營冰雪中。

中。一進營區，發現冬天營地並沒鏟雪。地面上、野餐桌椅上，甚至停車之處，到處積著一層白雪。我們起先以為沒鏟雪就不收費，對不起，收費分毫不減。不過當時一絲詫異很快就轉為驚喜，因為沒想到冬天營地的人煙竟如此稀少，不像夏天的營區活像一處擁擠的難民營。眼前冰天雪地的營地似乎也化身為奇異的愛麗絲仙境，比夏天清爽迷人多了。

我們挑了一處遠離左鄰右舍的乾淨營地，開始搭帳。天色漸暗，在雪地上小心翼翼將帳篷攤開——會這麼小心翼翼，是因為當時那頂帳篷還是我們從台灣帶來的古董，是那種80年代早期的舊式蒙古包，營柱是一根根分別獨立，而非串連起來的。也就是說，掉了一根營柱，或哪根營柱逗不攏，帳篷可能就搭不起來了。而那外帳，像一頂帽子只遮個頭，而非整個將內帳罩住，因此並不保暖。當時沒想那麼

1. 從貝傑隘口（Badger Pass）到冰河點，是熱門的越野滑雪（Cross Country Ski）路線。
2. 在貝傑隘口滑雪區有棟巡山站，辦理荒野許可事宜。
3. 貝傑隘口巡山站會定時舉辦雪鞋漫步（Snowshoe Walk），圖為老式木製雪鞋。

多，睡過才發覺，帳裡帳外僅隔一層薄膠布，跟「露宿風雪」的境界也相去不遠了。

奮力將最後一段營柱撐起。接著將營釘打進地裡，鬆鬆白雪下面結了一層冰，怎麼壓都壓不下去，只好把營繩綁在附近樹幹上。弄了半天總算搭好帳，身子經過這番勞動變得暖和多了。帳篷看起來仍邋邋遢遢的，無奈那是先天不足而非後天失調。我和文堯都很滿意合力築了這麼個「臨時之家」。想看看別人的家長成什麼樣，環顧四周，才發覺我們那頂帳篷居然是獨一無二的，不是因為外貌過於老舊，而是營地僅有的幾戶人家都住RV（休旅車）。可能是暴風雪剛過，也可能因為是耶誕夜，竟沒人搭帳。我們那孤立雪地的唯一帳篷，和RV堅固車殼比起來，茫茫中就更顯單薄了。

可是即便擁有的是那麼單薄，置身美景中，年輕的我們依然很開心。接下來的耶誕晚餐，我們可是有備而來，出發前特地進城採購一番，沙茶醬必備，白菜豆腐茼蒿在出門前已洗好，兩盒削得薄薄的新鮮涮肉片，還有花枝丸和冬粉。比起台北鴛鴦鍋菜色種類的琳瑯滿目，我們的火鍋料屈指可數，可是呀可是，在這冰天雪地的美麗山谷裡，用最令人懷念的家鄉味來歡度異鄉的耶誕夜，我相信即使只是一碗熱騰騰的酸辣湯，都能成為世間無上的美味。

夜幕低垂，點起一盞營燈，瞬間照亮了鋪滿冰雪的野餐桌，在餐桌中央挖個雪洞擺放爐子，煮一鍋滾水，為樹林中的雙人燭光晚宴揭開序幕。

只不過，因氣溫太低，從車艙取出食物時，才發現原本還擔心會腐壞的涮肉片竟尚未解凍，不禁啞然失笑。連忙把肉片盒放在鍋爐上「取暖」，等到有點兒化冰，再用手「拗一拗」，雖然很難用筷子揀起一片一片涮下鍋，但一次下「一塊肉」總比下「一整盒肉」好多了。

氣溫愈來愈低，輕輕說話，口中白霧吞吐，山谷冬夜可真冷。將各式菜料丟入滾水中，拌好佐料，舉起鋼杯當乾杯，迎著撲撲熱氣吃起耶誕火鍋。我們最愛的家常豆腐，成了名副其實更具口感的「凍豆腐」。沙茶醬涮肉，香味四溢，滾沸鍋中不斷冒出白煙，化成裊裊炊煙向星空遁去，憑添幾許羅曼蒂克氣息。冰冷的手捧著熱騰騰佳餚，

沒想到寒天中的火鍋格外好吃。熱熱清湯入口，從食道肚腸一逕兒暖到心窩，吃得通體暖和舒暢，那真是我有生以來吃過最溫暖也最鮮美可口的火鍋了。

在針葉林裡，四周盡是一株株覆滿白雪的美麗耶誕樹，兩顆心緊緊依偎，飽嘗難忘的家鄉味，一切盡在不言中。這麼浪漫綺麗的耶誕晚餐，人間何處尋？

從壁爐到田野

盛宴接近尾聲，瞥見暗夜中，有個四隻腳的動物逐步向我們靠近。用頭燈探個仔細，「咦，是野狗麼？」我問。文堯察看一下，說：「不，不像是狗⋯⋯應該是郊狼（Coyote）⋯⋯」見牠露出一臉垂涎的表情，起先遠遠盯著，漸漸地，牠很小心地一步一步怯怯走近。我們一時不知該怎麼辦，只好轉身背對牠，假裝沒看見，牠就一直繞著餐桌附近盤桓不去，有一度甚至走到距離不到三公尺處，哀求地看著我們。到現在我都還記得那雙乞食的眼神。

我開始覺得不該在這樣冰雪環境中大啖火鍋，這般美食誘惑對生

1. 一隻郊狼在冰天雪地的山谷中到處覓食。
2. 冬天在山谷中特別容易看到郊狼。

存不易的野生動物似乎殘忍了些。不知怎地，突然沒了胃口，開始動手收拾東西。雖然看牠很可憐，我們終究沒拿食物餵牠，一方面是直覺上認為這樣做好像不太對，另一方面是鮮嫩涮肉片實在有點兒貴，總不能餵牠青菜豆腐或花枝丸吧？

待郊狼垂著尾巴悻悻離去，我們又發現兩隻小浣熊躲在不遠處的樹枝間，顯然在覬覦餐桌上的殘餚。牠們通常等天全黑才出來覓食，在頭燈照耀下，發亮的兩隻小眼睛像狐狸般精閃著，一副伺機而動的模樣。為了杜絕後患，我們快手快腳把吃不完的食物放進營地防熊鐵箱裡，那鐵箱有如一只天然冷凍庫，只要冰雪不化，擺上幾天都不用

1987年6月2日，阿瓦尼旅館被列為國家級歷史地標。

擔心食物會腐壞。

幸好我們沒餵，後來才曉得在國家公園餵食野生動物果然是違法的，被巡山員抓到可是會開罰單的。我還想到了黑熊，幸好那時黑熊仍在深山裡冬眠，不然那麼敏銳的鼻子，肯定也抵不住香噴噴火鍋的吸引，大搖大擺從林中踱步而出，那就真的很嚇人了。

把食物收妥，趁身子暖暖的，我們搭上公園交通車，直驅優勝美地最高級旅館──阿瓦尼（Ahwahnee Hotel）。這間旅館開幕於1927年，是優勝美地「國家級歷史地標」，之前就聽說旅館在每年耶誕夜會舉辦年度聖誕晚宴"Bracebridge Dinner"，這項傳統從1929年沿襲至今。

黑夜裡看不清旅館外貌，但見燈火通明，門口並未禁止非賓客進入。我好奇想一窺堂奧，甫步入大廳，廳裡人影幢幢、人聲喧嘩，每個人都一派紳士淑女的盛裝打扮，晚宴似乎剛結束不久，空氣中充滿雞尾酒味與烤肉味，其間混雜著各式香水味，彌漫著濃濃城市派對氣息。不少賓客還穿著18世紀英國復古服裝，一襲長衫及地，想必剛參與了晚宴歌劇演出，舉手投足間仍帶著戲臺上的誇張。

沒想到在遠離塵囂的國家公園裡，竟能看到這般文明景象，感覺不太真實。我瞥見大廳一側有個壁爐，吞吐著焰紅火舌，伴著辛辣的乾柴爆裂聲，忍不住向壁爐靠過去，旺盛的熊熊烈火熱力四散，沒幾分鐘即覺得熱，便順手脫下兩件外衣。屋裡有多溫暖，看廳內名媛仕女的裝扮即知──身穿低胸露背、無肩無袖的晚禮服，束攏豐腴的腰身，足蹬絲襪高跟鞋，頭頂整齊的髮型，光滑的耳頸搭配晶亮首飾。而我呢，一身未經梳整，褲腳及登山靴都沾著雪泥，兩手拎抱一團厚外套，無法做出任何更優雅的姿勢，相形之下，可能比劉姥姥進大觀

1. 在阿瓦尼旅館大廳裡，燒著乾柴烈火的壁爐。

2. 在阿瓦尼旅館外，有人做了一對雪人賢伉儷，還加以盛裝打扮。

園還突兀些。

　　雖然在那所謂的高貴情境裡，大家都彬彬有禮，沒人管你要在壁爐前烤火或在一旁看熱鬧，但我愈來愈感到渾身不自在，廳內奇暖無比，悶熱得令人窒息。沒多久就拉著文堯，匆匆逃離那看似溫暖卻令人感到淡漠疏離的世界。

　　步出旅館外，清涼空氣撲面而來，沁人心脾。天上星星一顆顆晶瑩閃爍，聽到貓頭鷹低著嗓門，嗚─咕咕─嗚─咕咕地叫。好想看看是哪一種，用頭燈四處探尋，只聞其聲不見其影，神祕的貓頭鷹呀，你到底躲在哪棵樹上呢？四周的針葉樹上仍積著一層厚厚的雪。我想到大廳那棵高高的耶誕樹，被裝飾得多麼晶燦華麗，可是，不管科技有多進步，人們終究沒法用美麗的白雪來裝飾它。

　　回到營地，遠處傳來郊狼一陣陣引吭長嗥，側耳傾聽，嚎叫聲來自四面八方，此起彼落迴盪山谷中，充滿曠野豪放之美。其中有隻叫得特別淒怨的，該不會就是今晚向我們討食未遂的那隻吧？

　　梭羅曾說：「從壁爐到田野，是一大段路程。我們若能多分出點我們的晝夜，直接與日月星辰為伍，那該多好。」可不是麼？廳裡的人們，你們可知屋外空氣有多清新？今晚的星星有多明亮？你們可曾聽過那野性的呼喚？可知星夜荒野中的狼嚎，多麼撼人心弦？

　　鑽進帳裡，把全部禦寒衣物加到身上，就這麼睡在冰天凍地中。那時我們裝備都從台灣帶來的，大概用舊了，我總覺得寒氣仍能穿透睡墊睡袋，從地底竄入身體。似乎比大學參加登山社的雪山雪訓，還冷。不過，若想像自己在南極探險或攀登聖母峰，這低溫應該還算暖和的。看著薄薄的帳幕，吸著帳內冰冷的空氣，我想起梭羅在《湖濱散記》另一段更貼切的話：

　　「這座屋架，是如此單薄[…]，它富有暗示性，暗示它是一幅只有輪廓的畫。我不用到室外去呼吸新鮮空氣，因為在室內空氣的新鮮度，一點也沒有失去……」

Agfa Provesta Film

山谷中枝幹娉婷的加州黑橡樹，本身就是一幅畫。

相逢何必曾相識

艦長岩的正面崖壁，映在瑪瑟河
的倒影猶如印象派油畫。

　　十幾年了。我漸漸才明白，要拍攝優勝美地山谷的雪景，並非
隨意揀個冬天的日子，就一定能拍到的。我說的雪景，不是那種「地
面」或「路邊」堆著殘雪的景象，那並不稀奇。我指的是「到處」積
著厚厚白雪，尤其是「樹枝上開滿朵朵雪花」，就像我們第一次看到
的那樣，原來是山谷難得一見的奇景。

　　最近一次，看氣象預報說強烈冷鋒來襲，優勝美地山區將會下
雪，且雪線降至兩千英尺（約海拔六百公尺），我們立刻動身衝向優
勝美地。如果等風雪過後再上山，屆時氣溫一回升，即使只是半天的
太陽直射，樹枝上的雪一下就融化了。

　　氣象報告很準。因為風雪太大了，在進公園前即先遇上兩處「臨
檢哨」，巡山員就站在路中央，詢察每輛車「有沒有攜帶雪鏈」。到了

大風雪過後，山谷中的龐德羅沙松樹上彷彿開滿雪花。

暴風雪過後的夕陽，將哨兵穹頂（Sentinel Dome）西北壁岩群渲染成金黃色。

「知道嗎？像今天這種『樹枝覆滿白雪』的雪景，在山谷是非常罕見的，一年可能只有那麼一兩次⋯⋯」

「是麼？非常罕見？」雖然知道是山谷海拔不夠高的關係，我仍然有些詫異，因為他用"very rare"來形容。

「因為這山谷海拔只有4000英尺（約1200公尺），而優勝美地下雪地區多在海拔5000英尺（1500公尺）或更高的山區，所以每次聽氣象預報說會下雪，別被騙了，真衝到山谷裡來，卻根本沒雪，或更糟，反而是在下雨。還好我有朋友在氣象局，我每次都會跟他double check⋯⋯」

冬天的新娘面紗瀑布，別有一番冰灩之美。

「可是你確定在一整年中，這個山谷平均就只有那麼一兩次大風雪？」我覺得應該不止。只是兩地路迢遙，我們常無法在山谷融雪之前及時趕到。

「很罕見是真的，相信我……」他把右手放在胸口，一副想要發誓的樣子說：「因為我拍攝這個山谷，已有40年了……」

「什麼？40年？！」這下我真的很吃驚，露出無法相信的表情。

「是的，有40年了……」他微笑地看著我，眼神不像在說謊。

「可是…可是你看起來……並沒那麼老啊？」我實話實說。難不成，他十幾歲就開始在優勝美地照相了？

「那是因為，我打從嬰兒起就在優勝美地拍照了，呵呵……」大衛幽默地開了個玩笑，讓人猜不出年齡。我只能搖搖頭，覺得難以置信。若他已有40年經驗，那我們的區區十幾年又何足道哉？

陽光倏忽打亮眼前景色，趕緊拍了幾張，沒幾分鐘，光線又消失了。大衛轉頭問道：「你是不是想問，為什麼在這山谷拍了40年，還要繼續拍？」

這是很好的問題，可我當時並沒想那麼遠。大衛接著說：「你可知道安瑟‧亞當斯（Ansel Adams）？」我點點頭，當然知道呀，他是偉大的自然攝影家，拍了一輩子的優勝美地，有人還說，若沒有安瑟‧亞當斯，就沒人知道美國有多美。

「安瑟在他80歲的時候，有人問他，為何那麼老了還在搞攝影？猜猜他怎麼回答？他說：『因為我還沒做出最完美的照片』……」大衛停頓一下，語氣轉為認真：「所以，這就是為什麼拍了40年，我仍繼續站在這裡的原因……」

我靜靜聽著大衛闡述安瑟「一生執著於完美」的攝影理念，突然覺得，他像是一位宣導福音的傳教士，充滿熱忱地為當時所有站在風雪中攝影的人打氣。

奇蹟似的馬尾瀑布

那個下午為了等待光線，不知不覺間，我們和大衛在同一地點足足站了兩個多小時。

西邊那片烏雲愈來愈濃密，氣溫倏忽陡降。不多久，天空開始飄起雪花，冷風颼颼刺骨。覺得有些飢寒交迫，我和文堯盤算著要不要打道回府。大衛看我們一副想收兵回家的樣子，指著西邊說，如果傍晚那片濃雲散了，說不定能照到漂亮的火瀑（Firefall）。他還強調，比起山谷積雪，那是一年中「更罕見」（"even rarer"）的景象。

「我那氣象局朋友說今晚應該會放晴的，再等一下吧，說不定黃昏會有很棒的光線喔……」

「真的，有可能拍到火瀑？你朋友說傍晚會放晴？」我眼睛為之

馬尾瀑布又稱火瀑，出現時間短暫，陽光照射角度及水量大小均會影響火瀑景觀。

一亮，可是看天空滿布濃雲，完全沒有消褪的跡象，不禁半信半疑。

我知道大衛說的「火瀑」是指馬尾瀑布（Horsetail Fall），是每年2月下旬優勝美地難得一見的天然奇景。以前知道山谷有這麼一條瀑布的人並不多，即使聽說過，也不太清楚這條瀑布到底在哪兒，因為翻開任何一張優勝美地的地圖，都無法找到馬尾瀑布這幾個字。

但這些年我們去拍攝馬尾瀑布，赫然發現那個原本隱密的地點，在太陽下山前一個小時，已有很多人搭起相機在等待，更有趣的是，很多人手裡拿著一本小冊，看封面就知道是攝影家Michael Frye在2000年出版的《優勝美地攝影指南》（*The Photographer's Guide to Yosemite*），顯然近年來觀看「火瀑」已蔚為風潮。

「為何說『更為罕見』呢？」我想知道大衛對這條瀑布到底了解多少，故意反問。

「因為，」大衛扳起手指，認真數道：「第一，這條瀑布要到2月才出現，但若高海拔山區溫度太低，融雪不化，瀑布就沒水。第二，冬季雪量要多，不然瀑布水量會很小。第三，有水還不夠，要有光線，但太陽每天都往北移一些，到2月底夕陽就打不到瀑布，瀑布就不會變紅。第四，也就是說火瀑只可能在2月中下旬出現，這短短十天半月

夕陽映照下的馬尾瀑布，每年約在2月中下旬才會出現。

中，只要有薄雲擋住陽光就不行。第五，而2月仍是加州雨季，西邊萬里無雲的機率是很小的。所以，這就是為何一年中可能就那麼一兩天能看到很美的火瀑，甚或更少……」

大衛真不吝於傳承經驗，講得鉅細靡遺，而他所說的也和我們多年的觀察心得完全吻合。我只能頻頻點頭，打從心底佩服。

回想起來，大概是在1995年吧，那時翻閱另一位著名的自然攝影家葛倫‧羅威（Galen Rowell）攝影集，看到他所拍攝的馬尾瀑布作品，他是這麼抒情地描述道：

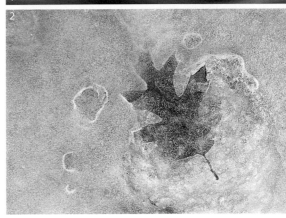

「我和『一道瀑布的最後光線』畢生難忘的約會，是發生在1973年2月下旬的某個黃昏，當夕陽最後的餘暉側打在艦長岩（El Capitan）的馬尾瀑布上。瀑布後灰暗的岩壁陰影，更烘托出那一道水霧溫暖的金色光澤。因為太陽照射角度，這般奇景，一年中可能只有一兩天的機會能看到。只要西邊地平線上有一層薄雲，或者崖緣融化的雪水太少，奇蹟就無法出現。」

1. 瑪瑟河未結冰的深水區，仍可見到結冰的溪石。

2. 橡樹的秋葉，形狀完好地保存於冰凍的溪石中。

書裡那張圖片美得不像是真的，令人驚豔而久久無法忘懷。我無法想像一整條瀑布會變得如此金碧輝煌，無法想像天地間竟有這般燦爛奪目的自然奇景。於是，翌年2月下旬，我們帶著葛倫‧羅威的攝影集來到艦長岩下，按書索驥，拿書裡的瀑布崖壁長相去比對實際地形，一心一意仔細尋找，直到終於發現並確定那條不很起眼的細小瀑布所在，且親眼見到她在夕陽映照下由蒼白、而澄黃、而金紅，像燒起來似的那一刻，才終於相信這不可思議的神奇造化。

「你半生一直尋覓卻找不著的東西，有一天你會和它覿面相逢，得窺全貌。你尋它像尋夢一樣，而你一旦找到它，便成了它的俘虜。」梭羅這段感性的告白，正如我們和馬尾瀑首度結緣之後的感覺。真的，如果每次都能因為她的懾人之美而享有難忘的視覺宴饗，享有心靈的無上歡愉，即使成為一生的俘虜，我也心甘情願。

220 EPC SSO

Kodak

金色耀眼的艦長岩懸崖襯著橡樹枯枝。

痴痴地等

傍晚，西邊天空仍鋪著一層雲，馬尾瀑布水量不大，因為這幾天實在太冷了。

「乾脆早點回家算了？」從文堯的眼神，我知道我們心裡都這麼想。大衛看看手錶，說離太陽下山不到半小時，反正已等了一個下午，不差再等那二十分鐘。文堯搬出莫非定律說：「根據經驗通常是這樣的，只要我們一直在這裡等，陽光就永遠不會出現。」大衛聽了大笑：「沒錯！而且只要我們一離開，天空就會立刻放晴，哈哈！」

一邊說笑，還不時抬頭盯著瀑布光線的變化。不知不覺間，咦，瀑布那片岩壁竟漸漸亮了起來，轉成澄黃色，往西看，濃雲已悄悄散去，夕陽從薄雲下方露出臉來，大衛那位朋友的氣象預報還真準！

在夕陽輝映下，漸漸地，瀑布由黃而澄，顏色愈來愈紅了。而且是由下往上地「燒起來」。雖然瀑布水量比往年來得小些，缺乏水霧的紛飛漫舞而無法產生很壯觀的火瀑景觀，但在漫漫期盼後，終能看到全年難得一見的美景，即使是細如絲緞般地飄盪在崖緣間，我已經很心滿意足了。

更有趣的，還在後頭。

僅僅隔了三天，因為聽氣象預報說週末將是大晴天，我們又專程上山拍攝馬尾瀑布。結果居然在艦長岩下同一地點，不約而同地，又和大衛碰頭。

「嘿，真高興又見面了！」還是他先認出我們。

「呀，怎麼你也跑來了？」真不敢相信這麼有默契，彼此寒暄一陣，這次我們特地準備四個腳架，各裝兩個數位相機兩個底片相機，大衛看到我們「全副武裝」，豎起拇指稱讚。

難得天氣這麼棒，可惜的是，這幾天山區溫度太低，瀑布的水反而比三天前還少，幾乎沒什麼水。

等水，比等光線，還要困難。天空的雲有可能一下子消逝，但高海拔山區冰雪不太可能一下全都融化成水。

「要拍到很美的『火瀑』，真的好難哪！」我忍不住感嘆。

「我上次不就說了嗎？火瀑比雪景『更為罕見』，看吧，要有好水又要有好光線，多難！」雖然有點兒失望，仍很高興能和大衛再度不期而遇。

我們仍抱著一線希望，希望瀑布的水量會一下多起來。痴痴等待的空檔，我們接續上回沒說完的話題。

「你見過安瑟・亞當斯？」文堯忍不住問大衛。我們知道安瑟是在1984年過世的。如果大衛從1960年代起就在優勝美地拍照，應該有機會和大師碰面。

「是的，見過兩次，」這一問，大衛話匣子又打開了：「第一次在70年代，那時我帶著攝影學習營到山谷來，碰到安瑟剛好也在戶外教學。這千載難逢的機會，我當時立刻硬著頭皮上前和安瑟請教說：『我和學生們都十分仰慕您，不曉得是否有這個榮幸，能聽您講幾句關於攝影的話？』安瑟人真的很好，凡和攝影教育有關的，只要做得到他都樂於撥出時間傳授經驗，完全沒有架子。不過，要向他請教的人實在太多了，而他又有禮貌回答得很仔細，所以通常要等很久，需要一些耐心……」大衛一口氣講了好多，比手劃腳把安瑟生前的行誼說得活靈活現。

「第二次應該是在1980年，我陪朋友Galen專程造訪安瑟，他晚年大多住在海邊的卡梅爾（Carmel），身體狀況已經不太好了，仍很熱心接待我們……」

1. 有著一身漂亮羽衣的Steller's Jay，那身藍有如深海。

2. 在山谷過冬的黑尾鹿，母子舐犢情深。

墜入時空隧道

我凝神傾聽，原來大衛年輕時居然帶過攝影學習營，與安瑟真有那麼一段難得的交集。

「為什麼我從沒看過安瑟拍攝的『馬尾瀑布』呢？」我突然想到這個問題，因為安瑟在山谷住那麼多年，不太可能不知道這條瀑布。

「嘿，別忘了，安瑟是拍黑白攝影啊，馬尾瀑布的火紅效果要彩色相片才看得出來呀。」大衛笑著說。

對啊，自己怎麼會沒想到這麼簡單的答案。「說的也是……」我又想到另外一個問題：「那麼，不曉得是誰最先發表，把馬尾瀑布的照片公諸於世的？」

「嗯，應該是我的好朋友Galen，他在1973年就拍到很漂亮的馬尾瀑布了……」

「Galen？1973年？你指的是葛倫‧羅威（Galen Rowell）？難道就是你剛剛提到跟他一起去找安瑟的Galen？」

「是啊，以前我們一起拍過馬尾瀑布，就是你我現在站的地方。」

天啊，怎麼會這麼巧！葛倫的攝影集我們每本都有，而我就是看到他的作品才知道有馬尾瀑布的。他是當代著名的登山探險攝影家，曾擔任美國《國家地理》雜誌的攝影。他的作品曾給予我很多啟發，最令人驚嘆的，是他能一手抓著岩壁一手拿著相機，邊爬岩邊照相，而且是在優勝美地這種近乎垂直的岩壁上展現功力，像蜘蛛人一樣。可惜他在2002年因飛機失事，61歲就過世了。

「我很喜歡葛倫的攝影風格，他的作品曾給了我很多啟示……」我還來不及表達腦中那一堆紛亂的想法，旁邊一個胖胖的中年男子突然說道，並拿起相機腳架湊過來聽大衛講古。

大衛繼續說：「葛倫很風趣，我們年紀差不多，以前還曾一起去荒野健行或越野滑雪。出事前，葛倫和太太芭芭拉（Barbara）住在Bishop鎮，每次我帶東西去拜訪，芭芭拉總熱情說『哎呀，你怎知道我們需要這些？』他們是一對很恩愛的夫妻，後來卻一起遇難……」

這我是知道的，他們夫妻都愛好攝影，兩人共同經營攝影藝廊，

溫暖的冬日午後，新娘面紗瀑布水量增大，出現了一道彩虹。

同進同出。2002年飛機失事時，美國自然攝影界的人都非常震驚。

「其實葛倫也是無意間發現這條瀑布的，」大衛指著馬尾瀑布說：「我曾聽他提起，那年2月某天傍晚他在山谷裡開車，突然看到馬尾瀑布變成金色，在那之前，他只知道公園曾有『人工火瀑』──從冰河點（Glacier Point）倒下一大堆碳火，但那活動在1968年被園方禁止了。此外，他從未聽說也從未看過山谷有這麼個天然奇景……」

「所以一看到那麼難得的光線，他用加倍的速度，趕著要找個地方停車照相，當時駕駛座旁邊還坐著一位巡山員迪克（Dick），按葛倫當時的車速，迪克不知該開幾張超速罰單了，可是當時瀑布的顏色實在太不可思議，連迪克也看呆了……」

「眼看光線愈來愈金黃，葛倫只顧停車，拿起相機就衝進林間空地。結果用長鏡頭取景照相時，才發覺快門速度太慢，手持長鏡頭，無法照出清晰影像，還是迪克幫的忙，即時從車裡拿腳架給他……」

大衛侃侃而談，帶著記憶的情感不斷織出當年鮮活的影像。我彷彿墜入另個時空隧道，透過聲音起伏悠然神遊於三十多年前的歲月。

我仰慕的安瑟與葛倫都已不在人間，此時此刻的我，卻覺得跟他們彷彿有種奇特連繫，一種說不出的真實感。似乎站在面前的，是微笑的安瑟與風趣的葛倫，正在傳授書裡沒有的人生經歷與攝影心得。

　　三次不期而遇，如此巧妙的邂逅，這期間所述說的往事，讓大衛宛如一位自天堂派遣而來的傳音天使。

　　和大衛互道珍重再見時，彼此都曉得下次見面不知何年何月。但那並不重要，也不需約定。只要能像安瑟那樣，對優勝美地有著一生的熱愛與執著，像葛倫那樣，對馬尾瀑布有著畢生難忘的感情，我們知道，一定會有相逢的一天。

　　隔了一週。三月初，再度回到艦長岩下。

　　夕陽無限好，馬尾瀑布水量大增，奔瀉而下。一直等到日落西山，卻見黃昏的光線再也不能打到瀑布上，瀑布再也無法赤熾如火。火瀑季節結束，為山谷寒冬劃下句點。也為明媚的春天，揭開序幕。

風雪過後，哨兵岩在玫瑰色夕陽餘暉中更具剛毅之美。

枝枒交錯，枝幹上覆著一層白雪的加州黑橡樹。

春

spring

YOSEMITE

Everybody needs beauty as well as bread, places to play in and
pray in, where Nature may heal and cheer and give strength to
body and soul.

John Muir

「我來了！我來了！」。從這樹飛到那樹，虎視眈眈地等著，隨時伺機飛掠而下，爭搶人們不慎掉落地上的花生乾果或餅乾渣屑。

而林間樂曲，不乏「啾—啾、啾—啾啾」美妙清脆的歌聲，我曾看到知更鳥、冠雀、小山雀（Mountain Chickadee）匆忙的影子。偶爾也會聽到樹梢傳來「叩叩叩、叩叩叩」規律的輕微響聲，忍不住尋著聲音往樹上看，啊，原來是頂著紅冠的橡樹啄木鳥（Acorn Woodpecker），直挺身子攀附在一棵洋杉高處，舉起尖喙，敲敲這裡，再輕快轉到側面，敲敲那邊，靈巧地忙上忙下。在開闊草地上，有黑得發亮的紅翅黑鸝，叫聲也十分悅耳動聽。

而在瑪瑟河中自在悠遊的，則有綠頭鴨的倩影，也有成雙的川秋沙，一身亮麗光澤的豐滿羽衣。我還在河邊看過小河烏，全身青灰色，體型只比麻雀大些，並不顯眼，可是厲害的是，牠能不畏寒冷地潛入湍急的溪流中，短小翅膀用力撲打著，專心而輕快地在水裡覓食。明明沒有蹼足，並非水鳥，卻很喜歡在溪邊或水裡嬉游，而最方便也最安全的歇腳處，就是湍流中突出水面的溪石。原來毫不起眼的牠，早已懂得自求多福之道。

1. 5月，公園南方娃瓦納(Wawona)開滿遍地的羽扇豆野花。

2. 夾在羽扇豆野花之間，球狀完好的蒲公英。

　　松鼠也快樂出現了，晃擺著一只膨鬆的大尾巴，在高聳樹木間竄來竄去，忽高忽低，身手之矯捷令人側目。當牠雙手捧著吃東西，模樣很專心，表情明白寫著「民以食為天」是當下最重要的一件事，十分惹人憐愛。山谷裡還常能看到開始長角的黑尾鹿，通常在涼爽清晨或黃昏原野中，以從容不迫的優雅姿態，一邊安閒踱步吃著草兒，一邊瞪著大大眼睛觀看周遭好奇的人們。

　　從初春3月低谷的碧水花影，到8月高山荒野的百花綻放，都有可能發現春天的影子。花兒尾隨春天綠色的腳步，我們則追尋花兒婀娜的身影。置身這繽紛的綠野仙境中，盡情享受鳥語花香及和煦陽光。大地無限美好，人生夫復何求？

1. 吃著春天嫩草，開始長出鹿角的黑尾鹿。
2. 水澤草灘中一隻綠頭鴨。
3. 松鼠專心捧著東西吃，模樣十分可愛。

幽谷絕壁飛瀑

> 紫陀蘿花！如果哲人問妳為什麼
> 在天地間浪費妳的美，
> 妳告訴他們，如果有眼睛是為了要看的，
> 那麼美麗自身就是它存在的理由……

〈愛默森選集〉的優美詩句，不只是歌頌紫陀蘿花，也是大自然所有美麗的事物。就像山谷裡的瀑布、溪流、野花，甚或鳥鳴、林中的松風，都是一種美的形式。這不斷悸動綿延的大自然天籟，合奏出優勝美地的春之頌，從公園西界海拔600公尺處開始響起，到東端山脊將近4000公尺高地漸漸歇止。春神和暖的倩影，便在這落差逾3000公尺的多樣性生長環境中，隨著海拔遞增，向高處蔓延開來，處處繪上豐富歡愉的色彩，齊奏著和諧而悅耳的大自然交響曲。

而說到山谷春天，我最喜愛的仍是5月初仲春之際。此時不但有飄飄似雪的花茱萸，高海拔山區的冰雪持續加速融化，轉為激越的流水形式，像韋瓦第〈四季〉樂章剛開始那般愉悅明亮，自高處一路奔騰歡躍，興高采烈地從四面八方匯聚至這座壯闊而神聖的殿堂，躍身投入谷底的瑪瑟河中。此時瀑布與溪流合唱，齊聲歌頌春天的到來，聲勢最為浩大，也最撼人心弦。

站在公園西側的隧道景點（Tunnel View）向東眺望，大約就是馬里波沙軍隊發現山谷所看到的景象。首先映入眼簾的，是新娘面紗瀑布（Bridalveil Fall），一個取得極美的名字，原住民稱之為"Pohono"，意為「吹拂的風」（puffing wind），更添盎然詩意。伺立於瀑布後方的是大教堂岩群（Cathedral Rocks），也有好聽的別稱，被喻為「希臘的優雅三女神」（Three Graces）。

新娘面紗瀑布水量到了5月初日漸壯觀，此瀑布最容易看到彩虹。

講古 "Yosemite"

　　這是一則屬於春天的故事。原來優勝美地山谷，是在春天3月被白人發現的。

　　考古學家推測，早在八千年前，原住民便已在優勝美地及附近區域活動。1849年加州的淘金熱，吸引大批白人不斷湧入，導致內華達山脈西側的採礦者與當地原住民摩擦衝突日益升高。加州政府遂徵召組成瑪利波沙軍隊，對優勝美地附近的原住民部族發動懲戒式的征

春天山谷的清晨，翠綠草原與橡樹青翠的嫩葉。

討，想將他們移到山下的 Fresno 保留區。薩維奇少校（Major James D. Savage）建在瑪瑟河岸的小商店被Awaneechee部族襲擊，因此志願率領該軍剿討瑪瑟河上游的原住民。

1851年3月27日，該軍隊沿著湍急的瑪瑟河向上游溯行，儘管之前有些隊員或多或少已聽到一些傳聞，當他們「首度發現」優勝美地山谷時，卻萬萬沒有想到會看到如此超乎想像的動人景致。那時正是春天融雪之際，可以想像山谷瀑布奔騰、河流湍急、岩峰高聳陡峭、山嵐雲霧繚繞的情景。那股美如仙境的震撼，甚至讓隨隊的布乃爾醫生情不自禁感動得熱淚盈眶。

當晚他們就在美麗的山谷裡紮營，圍著營火，每個人都覺得應該給這個地方取個名字，布乃爾醫生建議稱這個山谷為 "Yo-sem-i-ty"，全隊一致贊成通過，因為他們誤以為這是該地原住民的部族名稱。

事實上，原住民原把山谷這塊地方稱為 "Ah-wah-nee"，意指「多草的深谷」，他們並自稱為 "Ah-wah-nee-chee"，即「住在多草深谷裡的人」；這就是為什麼山谷今日最高級的旅館取名為 "Ahwahnee Hotel"。當瑪利波沙軍隊發現優勝美地山谷時，當地原住民部族是由緹納亞酋長所領導──緹納亞酋長的母親屬於內華達山脈東側莫諾湖的Paiutes族，因此這兩區原住民有著血緣和買賣交易關係，當白人入侵，Ahwahneechee族曾數度向東越嶺投靠Paiutes族。

而Yosemity一字的由來，是因為當時的Ahwahneechee部族在優勝美地山區勢力較強，為附近地區其他的Miwok部族所畏懼，因此才被指稱為 "Yosemite"，原意是「棕熊」（the grizzly bears），或指「他們是殺人者」（"they are killers"）。

我一直想知道優勝美地的英文Yosemite到底代表什麼意義？但當我終於找到答案，卻萬萬沒想到Yosemite原來是這樣的意思，實在讓人有些吃驚。「棕熊」在加州早已絕跡，如今只剩下黑熊；而「他們是殺人者」這般危言聳聽的名稱，和優美的山谷容貌更不相符。

除了馬里波沙軍隊「不求甚解」的烏龍命名，在19世紀的文獻中泅泳，我還發現了緹納亞酋長並非被白人殺害，而是在1853年為了調解紛爭，不幸被莫諾湖的 Paiutes族打死的。今日在後山有個美麗的

太平洋花茱萸清純特寫，此花苞片4～7瓣，最常見者為6瓣。

高山湖泊取名為緹納亞湖，就是為了紀念這位酋長。

　　另外還有一項有趣的史實。可能很多人都知道，黃石
（Yellowstone）是美國也是全世界第一座國家公園，成立於1872
年。但是，大概很少人知道，美國第一座由聯邦立法保護的公園，並
非黃石，而是優勝美地。

話說優勝美地被白人發現並公諸於世後，幾位舉足輕重人物，諸如具有雄辯口才的牧師 Thomas Starr King，以及設計紐約中央公園的知名景觀建築師 Frederick Law Olmsted，均主張將優勝美地保護起來，並力促加州參議員John Conness在國會動員提案。經過這些有識之士的共同努力，林肯總統於1864年6月30日簽署法案，將「優勝美地山谷」及「馬里波沙巨木群」（Mariposa Grove）這兩區劃為公共財，交由加州政府保管成立「州立公園」，供大眾休閒與遊憩使用。

這堪稱是有史以來，第一個景色優美的原始曠野純粹因其自然景觀價值，而由聯邦政府直接立法保護，讓人人都有平等的機會親近、分享之。

優勝美地一些著名地標如 Mt. Starr King、Olmsted Point、Mt. Conness均其來有自，都是為了紀念上述對公園有貢獻的人士而命名。我還發現了Mt. Broderick是取名於那位反對奴隸制度的加州參議員David C. Broderick；Mt. Hoffman是因加州地質勘查員查理斯·霍夫曼（Charles Hoffman）是第一個登頂該山。而鏡湖附近的Mt. Watkins，則是由於Carleton Watkins替優勝美地拍攝的照片在華府發揮了極大影響力；畢竟政要們日理萬機，不太可能每位國會議員都實地走訪各地美景再做政策決定。後來William H. Jackson 為黃石拍攝的地熱景觀圖片，也為八年後黃石國家公園的成立，發揮了決定性的作用。

「聯邦成立的第一座公園」本身已足以令人側目，如果把這件事擺在當時美國整個大環境來看，就會發現它更加非比尋常，因為1861至65年正值美國南北戰爭之際，而優勝美地公園是在1864年成立的。在當時社會動盪的背景下，這項法案不但突顯了當時決策者重視人民長期福祉的高瞻遠矚與執行魄力，在保育史上更具承先啟後的劃時代意義。

就這麼想吧，如果台灣發生戰爭，那些握有權勢的居高位者，有誰還會關心要不要在哪裡成立一座省立公園呢？

然而，將優勝美地劃為公園是一回事，如何讓公園順利運作，卻是另一回事。加州政府遲至兩年後——即1866年，才為這座公園設立

1. 6月初在鶴原（Crane Flat）附近的遍地野花。
2. 一身春裳，有著英挺高大樹冠的加州黑橡樹。

行政管理單位，指派Galen Clark為公園監管人。接下來十幾年，大多
耗在解決山谷內農場所有權的糾紛。而日漸增加的觀光客也帶來新的
挑戰，首先是拓闢馬路，接著建造優勝美地鐵路，以及旅館興建與其
他公共設施等問題。加上州政府經營管理不善，導致許多開發工程對
山谷環境造成直接破壞。

　　優勝美地「州立公園」所面臨的種種困境，遂成為殷鑑不遠的一
面歷史借鏡，促使之後的黃石在1872年成為第一座由聯邦政府直接
管轄的「國家公園」。

春

約翰‧繆爾的傳奇

　　替優勝美地「講古」，不能不提到約翰‧繆爾（John Muir）這位先哲。

　　第一次注意「約翰‧繆爾」這個名字，是看到優勝美地的地圖上，有一條貫穿公園中心「約翰‧繆爾步道」（John Muir Trail）。這條步道從優勝美地山谷起，經過了蔭幽國家森林區（Inyo National Forest）、國王峽谷和巨杉國家公園（Kings Canyon and Sequoia National Park），由北而南一直延伸到惠特尼峰（Mt. Whitney；海拔4418公尺，是美國本土48州內最高峰）。步道全長338公里，約和台灣中央山脈340公里的長度相當。

　　這麼長的步道，就用他一個人的名字命名，首尾並連接優勝美地和惠特尼峰——堪稱加州兩處最具代表性的天然地標，不用猜也知道，繆爾一定是對當代具有重大貢獻、非常特別的人。

　　繆爾在美國被譽為「國家公園之父」，我一直不太明白，因為從時間上來看，繆爾首次踏訪優勝美地是在1868年——是優勝美地被劃為州立公園的四年之後。而當黃石在1872年成立為國家公園時，繆爾才剛開啓自然寫作投稿生涯，嘗試在各報章雜誌發表自然觀察心得，而且寫的是加州內華達山脈（Sierra Nevada），顯然他和黃石這第一座國家公園的成立，也沒有關係。

　　那麼，繆爾何以會冠上「美國國

春天的庫克草原與大教堂岩群。

家公園之父」這般至高的殊榮呢？

　　繆爾是位農夫、發明家、牧羊人、自然學者，也是探險家、作家、保育先驅。1838年4月21日生於蘇格蘭丹巴鎮（Dunbar），11歲隨全家移民到美國威斯康辛州，童年的鄉野農場生活奠定他吃苦耐勞的精神，並培養他觀察大自然的興趣。1867年在工廠發生一樁意外差點兒使他失明，便毅然辭去工作，開始流浪漂泊的生涯，從美國中西部到佛羅里達再到墨西哥灣，徒步旅行千餘里。1868年，他來到舊金山，前往內華達山區的優勝美地，讚嘆道：「內華達山脈稱為『雪之山脈』實不足以形容其美，應取名為『光之山脈』（the Range of Light）……這是我所見過最神聖美麗的山脈。」從此，加州成為他畢生的故鄉。

　　在優勝美地居住多年，繆爾曾幫人放牧、當木匠、嚮導、臨時幫工等，一有閒暇，便翻山越嶺攀爬高峰，靠著自修與實地觀察，從1874年起發表〈內華達山區研究〉一系列文章。他是第一個發現此山區仍有活動的冰河，提出「優勝美地山谷是由冰河作用所形成」的理論，被加州的地質學祖師約西亞‧惠特尼（Josiah D. Whitney）所取笑，惠特尼認為是巨大災變式地震造成優勝美地山谷陡然下陷，還輕蔑地說：「一個牧羊人懂什麼地質學？」但後來的冰河學之父路易斯‧阿格西茲（Louis Agassiz）卻證實繆爾的理論才是正確的。

　　當時僅有優勝美地山谷和馬里波沙巨木群被劃為州立公園，

冬天的大教堂岩群，藏在暗影中而顯得詭譎。

周圍地區並未受到保護。繆爾眼睜睜看著森林被濫砍、草原過度放牧、不當礦採開發，優勝美地山區環境日趨惡化，遂在《世紀》（Century）雜誌發表系列文章，先描述優勝美地的河流、山脈、草原、峽谷、巨樹等詩畫之美，再將山谷附近山區森林草原遭破壞的情形公諸於世，主張優勝美地所有的泉源都必須保護起來，純粹就為了她的美，疾聲呼籲成立國家公園之必要。

　　《世紀》當時已有20萬訂戶，不乏社會菁英份子，繆爾的文章所發揮的影響力可想而知。1890年，國會終於通過法案將優勝美地晉級為國家公園，保護面積擴大許多。原屬於加州政府所管轄的優勝美地山谷和馬里波沙巨木群這兩區，直到1906年才轉由聯邦管轄。1916年，內政部國家公園服務處（National Park Service）終告成立，正式接掌優勝美地及所有聯邦保護區。

朝陽映照著草原上的氤氳水氣與半穹頂的剪影。

而這只是開始。為了監督新成立的優勝美地國家公園，繆爾和友人在1892年共同成立「山岳社」（Sierra Club），宗旨是「為荒野盡些心力，使山岳光輝明媚」。此外，繆爾對於加州巨杉（Sequoia，1890）、華盛頓州雷尼爾山（Mount Rainier，1899）、亞利桑納州化石森林（Petrified Forest，1906），以及大峽谷國家公園（Grand Canyon，1908）的成立，都有直接的貢獻。他擔任山岳社首任理事長，直到1914年去世為止。而山岳社從創社的27名成員，茁壯至今已有七十幾萬社員遍布各地。

回到山裡，就像回家

「陽光照在我們心裡，而非身上。河水穿過我們身軀，而非從旁流過。」（"The sun shines not on us, but in us. The rivers flow not past but through us."）

這大概是繆爾最為世人所知的名言了。繆爾一生發表三百餘篇文章，共寫了十本書。除了終生獻身保育運動，繆爾最讓我心儀的，正是他的著作中所蘊藉的自然哲思，他所具有的詩人性靈，他字裡行間所流露的赤子之心以及對大自然的真摯熱愛。

繆爾崇尚生活儉樸與心靈再造，其自然思想深受梭羅和愛默森的影響，但他是用苦行僧的方式在曠野的孤寂中悟道，形成自己獨特的思想體系。他一生足跡遍布全球，走過的地方遠比兩位先哲來得多。

對繆爾來說，大自然是啟發思考、淨化人心的聖堂，自然之美是一種媒介，是生命中所不可或缺的力量泉源，正如他一再強調的：「人人都需要美不亞於麵包，需要有地方遊憩與祈禱，讓大自然得以平復個人創傷，振作其精神，賦予其肉體與靈魂力量。」

在物欲橫流的資本主義社會裡，他說「成千上萬疲憊的、心神

6月山谷中，發現公黑尾鹿頭上長出一截鹿角。

不寧的、過度文明化的人們會開始發現，回到山裡，就像回到了家；曠野是生活所必需」。他自認是「無可救藥的登山家」，強調山所能給予我們的一切，遠遠超過我們所追求的。從他 1869年在優勝美地山區牧羊時所寫下的日誌《夏日走過山間》（*My First Summer in the Sierra*），便可感受到他對山的深刻感情，在山裡渾然忘我、天人合一的境界：

「現在我們置身於群山之中，而群山也融入我們體內，點燃心中的熱情，顫動心弦，使全身每個毛孔和細胞都充滿山的氣息。周遭的美，使血肉之軀變得像玻璃一樣透明，似乎已與這份美融為一體……肉體彷彿已成為大自然一部分，既非衰老、亦非年輕，既無病恙、亦無健康，只因一切都已成為不朽的永恆。」

多麼細膩深刻的描述啊！我想，任何愛好爬山或喜愛親近自然的人，都不能不被他那深具感染力的筆觸所動容。他的書寫具有一種形而上特質，他的讀者，不管是總統、國會議員或一般大眾，往往因而受到啓示，被他的思想與真誠所感召而採取行動。繆爾對大自然的熱愛持續一生，成為他畢生捍衛自然荒野的原動力。

多年山居生活的觀察，繆爾認為萬物彼此的關係是如此緊密相連，環環相扣，牽一髮而動全局。他痛恨人類不知節制地貪婪開發，看待大地只想到其所具有的潛在經濟價值，完全罔顧曠野存在之必要，忽略自然美學的欣賞對人類性靈的陶冶。他在自己的著作《美國森林》（*American Forests*）裡義正詞嚴地說：

「任何人都可以破壞樹木。樹木沒辦法逃走；如果它們可以逃，它們一樣會被殺戮——只要能從樹幹中得到一塊錢或一絲樂趣，它們就會被窮追不捨，加以迫害。[…]自古以來老天爺一直在保佑這些樹，但祂無法將它們從愚人手中救出，唯有政府可以拯救這些樹。」

初春融雪之際，片片浮冰自瑪瑟河上游漂流而下。

從山中歸來，繆爾知道他所擔負的使命，是教人如何去看，去欣賞自然之美。他希望能將觀光客變成徒步者，教人觀看大地除了塵土以外，還有其他很多東西。他認為通往知識的道路，是實地觀察，時時留意，而非僅限於學術上的研究。親觸高山草原與充滿生命的岩石，他發現了真正的財富，而他也樂於分享這樣的財富。他相信對於曠野的認識，是無法從書中學習的，而需透過親身體認。他讓花、樹、暴風雨及四季變換，教他如何生存，成為什麼樣的人。

國家公園之父

美國一代哲學大師愛默森，1871年在親友陪伴下到優勝美地一遊，並和繆爾碰了面。繆爾在兩年前曾讀過愛默森的著作《大自然》（*Nature*），對這位超驗論的先哲推崇備至。短短幾天，繆爾邀請愛默森到自己在小鋸木廠旁一處習作的地方，看他這些年來在優勝美地畫的素描和蒐集的各種植物。兩人並曾騎馬相偕而行，從山谷一直到馬里波沙巨木群。當時愛默森已68歲，而繆爾才33歲。愛默森後來盛讚繆爾是他在全美所見過最具赤子之心及高度智識能力的人。

今日再回頭看，愛默森真有知人之明。因為當19世紀後期繆爾開始宣揚保育理念時，全美國正汲汲營營追求成長，致力於開發蹂躪自然環境。而當繆爾在1914年過世時，美國人民對於人與環境的態度已逐漸轉向，多少了解到善用自然資源的重要。若說亨利·福特發明汽車，徹底改變世人對交通運輸的想法，那麼繆爾也深深影響了美國對於土地利用的觀念。而這正是繆爾之所以令後人緬懷之處。

另一則屬於春天的故事，發生在32年後。熱愛戶外活動的羅斯福總統（Theodore Roosevelt）在1903年5月中

一對秋沙鴨（Merganser）悠游瑪瑟河。

5月中旬，滿林潔白花苞萼，如紛紛雲花再度飄臨山谷。

旬造訪優勝美地，他不找別人，只指定繆爾一人作陪。當時繆爾已65歲，羅斯福45歲。第一天，他們露宿於馬里波沙巨木群中，用樹枝松針鋪張床，生堆營火，暢所欲言。羅斯福總統讚嘆那些高聳的巨杉像成排的教堂，比他所見過的任何人類的建築都要宏偉而美麗。

第二天，他們騎驢來到今日的冰河點，羅斯福讚嘆道：「真是漂亮啊！我怎麼都不願錯過這樣的美景……」當晚他們在哨兵穹頂露宿，半夜遇風雪來襲，起床時發現睡袋上積了十餘公分厚雪，絲毫不減兩人野營的興致。第三天，他們在山谷裡新娘面紗瀑布附近的草原紮營，三天三夜的朝夕相處，繆爾充分闡述他的保育與美學理念，宣揚荒野保護的重要與必要。

接下來幾年，羅斯福在八年任內將保育理念化為具體行動，不但簽署法案，將優勝美地山谷和馬里波沙巨木群這兩個地方，從州政府手中收回聯邦管轄，還成立了五座國家公園、18座國家紀念地（National Monuments）、55處國家野鳥與野生動物保育區（National Bird Sanctuaries and Wildlife Refuges），以及150個國家森林（National Forests）。這些造福後世、保存自然荒野的政績，不能說沒有受到繆爾直接的影響。

而繆爾在百餘年前創辦的山岳社，迄今已成為美國最大的環保團體之一，仍不斷為山林盡心，為捍衛荒野而努力。加州歷史學會（California Historical Society）在1980年代曾舉辦問卷調查，結果發現繆爾被認為是加州有史以來最偉大的人物之一。

繆爾過世時，羅斯福總統這麼追悼：

「他具有不屈不撓的靈魂。不僅他的書令人欣喜，不僅當人們想到內華達山區、阿拉斯加冰河，還有加州巨樹時，會立刻想到他這位作者，他還是能為他所關切的主題奉獻一生，並影響當代思想與行動的人。他是個偉大人物，影響了加州及整個國家的思潮，讓那些偉大的自然景象能永久保存……今後的世代代都要感謝約翰·繆爾。」

我終於知道了，為什麼繆爾會被後世尊為「國家公園之父」。而這位美國史上最具聲望並最具影響力的自然學者與保育先驅，造福的不僅是美國人，還有來自世界各地的人。

狂舞的水靈

　　山谷裡最長的瀑布是優勝美地瀑布（Yosemite Falls），也是由懸谷所形成，並且是繆爾筆下所讚譽的「山谷中最偉大的瀑布」。這瀑布由上下瀑布組成（Upper Fall & Lower Fall），上瀑布長436公尺，中間有段206公尺階狀小瀑布，下瀑布長98公尺，全長740公尺，不但身居北美第一，也是世界第二長的「懸瀑」，僅次於委內瑞拉980公尺長的天使瀑布（Angel Fall）。

　　而繆爾之所以對她情有獨鍾，我猜是因繆爾曾冒著生命危險，走到山谷最邊緣處，就為了觀看這條咆哮怒吼的瀑布「一路墜落至谷底的姿態」。

　　那是在1869年7月中，繆爾幫人牧羊，從山谷北緣的塔瑪拉克

1. 有步道通往優勝美地的下瀑布與上瀑布。
2. 優勝美地瀑布，上段瀑布流經中間水平挫斷岩層，至下段瀑布。

平原（Tamarack Flat），往東經過優勝美地溪到印第安峽谷（Indian Canyon）紮營。在此他欣賞了「此生所見過最壯觀的山巔美景」，尤其是山谷對面的半穹頂「彷彿擁有自己的生命一般……令人在衷心讚美之餘仍不願稍移視線」。他獨自沿著山谷的邊緣信步朝西走去，可惜的是，因為大部分絕壁的邊緣都已被磨得圓滑，所以很難找到一個立足點，能讓視線沿著峭壁表面望至谷底。

　　但繆爾並不就此善罷干休。他來到優勝美地溪，為了欣賞優勝美地瀑布如何挾著莊嚴宿命的自信躍向谷底的瑪瑟河，他脫掉鞋襪，手腳扣著光潔滑溜的岩石，爬到峭壁邊緣，踏到另一道更向外伸出的、僅三吋寬的狹窄突岩。為了防止暈眩，他從附近岩縫摘些苦澀的艾屬

5、6月間的優勝美地瀑布，樹葉青草一片翠綠。

優勝美地的上瀑布底部。

植物啣在嘴裡，一步步接近那朝外猛墜而下的激流，終於如願以償，
轟隆隆如萬馬奔騰的瀑布一覽無遺：「在那兒，我的視線毫無阻礙地
朝下延伸，俯瞰瀑布在墜落不久，旋即分散為一道道如彗星般的雪白
流光，吟唱著奔赴谷底。」

　　懸在崖邊的繆爾並非沒有意識到危險，只是瀑布的奔騰磅礡與
心中的興奮喜悅壓抑了恐懼感。他在《夏日走過山間》日誌上寫著：
「這是我第一次俯瞰優勝美地山谷，第一次傾聽優勝美地溪的死亡之
歌，也是第一次親眼目睹她飛越巨大的峭壁，每一幅景觀都足以成為
終生的珍貴財富……如果可能的話，有人甚至可因這種狂喜而死。」
當晚他還因神經過度興奮緊張而不斷被噩夢驚醒，夢到崖緣基石崩

塌，夢到他自己隨著瀑布衝入空中，墜入深谷。

這樣的瘋狂舉措令人嘆為觀止，但繆爾還做了另一件更令人匪夷所思的事。他住在山谷裡幫人打零工的那幾年，就在優勝美地瀑布腳下替自己蓋了間小木屋，他很喜歡在皎潔月色中，欣賞優勝美地瀑布和由水沫飛灑所形成的月虹。有天晚上，繆爾爬到上瀑布底部，看到風兒將瀑布斜斜往外吹，他突發奇想，想隔著柔紗般的水簾欣賞月亮的朦朧之美，就走到了瀑布後面，「那實在是很神奇的經驗：在我的上下四周都是狂暴但動聽的音樂……我身後是黑色山壁，面前是月下狂舞的水靈，這已不似人間。」（摘自《蠻荒的繆爾》）

但他卻沒考慮到風停後，瀑布會回歸原來的位置。突然間，「一串燃盡的流星劈頭蓋下，從遠處看似毫無殺傷力的薄紗，擊打在肩頭卻是厚重堅實得可怕，彷彿是密不透風的水串夾雜礫石與冰雹。我本能地跪倒在地……極力忍受這雷霆萬鈞的水浴。」繆爾終於趁風兒把瀑布又輕輕撥開的片刻，淋成落湯雞般逃離現場。

我們沒那麼瘋，卻很能體會繆爾所形容的「不透風的水串夾雜礫石與冰雹」。有一回和文堯沿著陡峻的步道，走到優勝美地上瀑布的底部，那時正值春天，瀑布水勢浩大狂野，令人嘆為觀止。待架起相機取景，悠閒拍了幾張山水，卻沒來由地開始吹起陣陣東風，只見整條瀑布竟被風帶起，往我們站的地方撲將而至，以橫掃千軍之勢，霹哩啪啦一陣亂打。還好有穿雨衣，慌亂中我們立刻轉身背對瀑布，用整個身子擋住相機腳架，趁風一停歇，趕忙取出備用傘，替淋濕的相機和背包「遮雨」。

東風一陣強似一陣，巨大水瀑如一道道強注按摩水浴，斜打在雨衣和雨傘上，嘈嘈切切錯雜彈，大珠小珠落玉盤，聲音清脆動聽，可那勁烈的滂沱氣勢真是嚇人。那把輕型日本傘根本擋不住如此強大水勢，相機全被濺濕了。我們苦苦撐持一陣，只好棄械投降，趁風向改變之際，抱頭鼠竄逃之夭夭。瀑布斜飛，就有如此驚人力道，可以想見繆爾站在瀑布下所經歷的「雷霆萬鈞的水浴」，有多麼堅實可怕了。

除了優勝美地瀑布、新娘面紗瀑布和馬尾瀑布，我也很喜愛山谷

220 EPC SSO

Kodak

走優勝美地瀑布步道可達瀑布頂部，水勢更形壯觀。

5月下旬，後山提歐加道路沿途的高山景觀。

東側的春之瀑布和雪之瀑布，因為第一次進入山谷，在2.4公里中陡降了620公尺，就被她們一路狂放不羈的交響演奏、熱情盛大的歡迎之姿所感動。這兩道瀑布幾乎終年有水，各有自己獨特的聲音、個性及風格，她們中間隔著清澈平靜的翡翠池（Emerald Pool），繆爾形容此池「像是分隔兩個雄渾句子的句點」，真的很貼切。那幽靜翠綠的春水，讓人不禁回想起台灣深山中清冽的碧綠深潭。

　　從雪之瀑布往東，就是小優勝美地（Little Yosemite），一個迷你的花崗幽谷。往北向高處走，可攀爬2695公尺高的半穹頂。或往東，可通向後山荒野。

　　優勝美地春、夏兩季的分界，因為隨海拔高度而層次漸進，並非那麼清晰。但當後山的提歐加路開放通車，或園方將攀爬半穹頂的纜繩架設起來時，我知道優勝美地的夏天，真的來臨了。

雪量多的年份，後山湖泊到5月中旬仍未完全融雪。

夏

summer

YOSEMITE

No matter how sophisticated you may be, a large granite mountain cannot be denied - it speaks in silence to the very core of your being...drawn to the high altars with magnetic certainty, knowing that a great Presence hovers over the ranges.

Ansel Adams

不管你有多世故，
有一座巨大的花崗岩壁橫亙在面前，
容不得迴避時，
你會聽到它正在對你生命深處作無言的呼喚……
亦步亦趨來到這座雄偉的祭壇，
心裡知道
萬物之主就守候在山嶽之上。

安瑟・亞當斯
《光與影的一生》

公園地標——半穹頂

Half Dome，這座令人看過一眼就不會忘記的公園地標，要怎麼描述，才能讓人知道它有多麼奇特？

「半穹頂……這塊美麗的自然遺跡，令人留下深刻印象；它雖然巨大無比，線條卻精緻優美，像一座最精美的藝術作品般，栩栩如生。」約翰·繆爾如此讚譽她是「在優聖美地所有神奇的岩塊中，最美麗且最莊嚴神聖的一座」。

自然攝影大師安瑟·亞當斯則說：「我拍攝半穹頂無數次了，但它總有不一樣的光線與氣氛，沒有一次是相同的……」早在1927年，

上圖：日落時分，從冰河點看半穹頂被冰河雕鑿的切面。

右頁：平靜的瑪瑟河如一面鏡子，映出半穹頂黃昏的倒影。

1. 從全景步道（Panorama Trail）看自由帽（Liberty Cap）和後方的半穹頂。地質學家指出，自由帽屬半穹頂花崗岩盤（Half Dome Granodiorite）一部分。
2. 從小優勝美地看巨大的半穹頂挺立天地間。

他便成功捕捉半穹頂的優美線條，那年他背扛二十幾公斤重的相機器材，爬到岩稜高處，為了能更清楚捕捉半穹頂的正面容貌。雖然用的是黑白底片，他嘗試使用深紅色濾鏡來加深天空顏色與岩壁陰影的對比，期能加強效果，更加突顯主題。

結果竟出乎意外地成功。安瑟在自傳中提到，那是他首度將所看到的「視覺影像」，融合自己內心所呼應的情緒與情感，透過鏡頭，利用攝影技術，將那種品質充分呈現於相紙上，達到他想要表達的、對這座巨岩最深層的感情。當時他年僅25歲，"The Face of Half Dome" 成為他最早的成名作之一。

當我第一次看到安瑟那張半穹頂作品時，情不自禁被那圖像深深吸引著。他所拍攝的黑白影像，構圖是那麼簡單，卻是那麼淋漓盡致而氣勢非凡，蘊含一種個人情感專注強烈的堅貞宣示，是別人所模仿不來的，因此更令人動容。

這座美麗莊嚴的公園地標，其實在剛開始被認為是「絕無可能攀爬」的。加州著名的地質學家約西亞·惠特尼在其著作《優勝美地導

覽》（1870）中，曾這麼描述半穹頂：

「是一座自山谷崛起4737英尺（相當於1445公尺高）的花崗絕頂，完全無法接近，也許是優勝美地所有顯眼的景點中，唯一沒人踏過也將不會留下人類足跡的地方。」

可是呢，就在五年後，這不可能的任務居然實現了──喬治‧安德森（George Anderson）花了幾個星期時間在半穹頂東北岩壁鑽了成串繩孔，終於在1875年10月12日爬上岩頂，踏上這「完全無法接近」的峰頂。百餘年前的惠特尼大概怎樣都無法想像，今日的晴朗夏日裡，攀爬半穹頂的健行客絡繹不絕，沒有上千也有數百之眾。

即使岩壁上架著纜繩，憑良心說，十幾年前第一次攀爬半穹頂那份膽顫心驚，迄今依然令人難忘。

那次文堯和我帶著三位好友同行：天鶴和玉芬在台灣都爬過雪山等大山，香港來的燕珊也很熱愛登山戶外活動。一大早，我們走約翰‧繆爾步道，沿著日升溪（Sunrise Creek）一路下坡，來到通往半穹頂的三叉路口。

陽光透過樹梢灑了一地金粉，是個萬里無雲的好天氣。安排早上攻頂，就怕又撞上午後雷陣雨。將背包卸肩，整齊堆在路旁。拿了水壺和少許乾糧，大家一身輕裝躍躍欲試，懷著興奮的心情踏上征途。

走在涼蔭中，微風徐徐，吸著森林芬多精，備覺神清氣爽。不知不覺間，腳下已由鬆軟的泥土變成堅硬岩坡，樹木愈來愈稀疏，天空也豁然開朗起來。待爬上半穹頂東北寬脊，變成「之」字形上坡，愈走愈陡。峰迴路轉之際，驀

攀爬半穹頂的路上，出現了半穹頂兩面削直的陡壁。

地，忽見右前方林隙，出現了半穹頂近乎筆直的懸崖，在陽光下反射耀眼光芒。大家見狀忍不住驚呼一聲。繼續陡上，上到更高處寬脊，猛一抬頭，竟不敢相信自己的眼睛。朋友們也被眼前的景象震懾得瞠目結舌，吃驚地說不出話來。

攀岩走壁

山巔之顛，一座花崗巨巖，以傲視群倫的王者之姿，龐然聳立於面前，其右側是近乎垂直的縱切，像被巨斧一刀劈下，左側崖面較為傾斜，但一樣是深不見底。更令人心悸的是，在兩側全無憑恃的截然孤立下，迎面而來的那片平滑岩壁，也是坡度極陡的驚險絕崖。

恍惚間，我想起了台灣的大霸尖山。但爬大霸時，從不曾有這般驚懾的感覺。

「不管你有多世故，有一座巨大的花崗岩壁橫亙在面前，容不得迴避時，你會聽到它正在對你生命深處作無言的呼喚……亦步亦趨來到這座雄偉的祭壇，心裡知道萬物之主就守候在山嶽之上。」（摘自《光與影的一生》）

安瑟的話在耳畔響起，先不論山嶽之上有無萬物之主，我不得不懷疑，這祭壇如此雄偉，要怎麼上法？人站到那上面，難道不會滾下來？這般光滑陡壁，簡直無法立足，一旦失足墜落，肯定粉身碎骨。園方在岩壁上架設一道百餘公尺的纜繩，供人攀扶，但面對這難以置信的險峻，那些貼在崖壁上形如蜘蛛人的勇者，還有那龐大的岩面在烈日下閃著刺眼青光，我愈看愈覺得它像巨碩駭人的白色祭壇。

朋友們也不是沒爬過高山的。望著面前斷

快爬到半穹頂之巔，回首看後方的雲歇峰。

崖環伺的聳然巨巖，此時卻不約而同面面相覷，個個表情嚴肅。半晌，終於有人迸出一句：「這要怎麼爬啊？！」

我還在猶豫是否該放手一搏。正躊躇間，瞥見三位年輕洋妞，約莫二十來歲年紀，一身緊身短褲、體格窈窕豐滿、熱辣搶眼的裝束，像旋風一般，快步從我們身旁擦身而過，毫不猶豫地，咚咚咚三步併作兩步，輕快攀上峭壁。倏忽間，她們俐落的身影已漸行漸遠，轉眼變成岩壁上三個小黑點。看了這一幕，令我們大受刺激，好像也沒那麼難嘛！人家都如此豪放灑脫，渾不把這份陡峭放在眼裡，我們為何不能？輸人不輸陣，心一橫，走到繩梯下，抓住堅韌纜繩，吸一口氣，義無反顧往上爬。

真的沒那麼難。那片岩面看似光滑，踩上去倒是頗具摩擦力，並不滑。坡度雖陡，卻有纜繩和腳下的木樁幫忙撐住重心。手腳並用，戰戰兢兢，起先覺得自己真像蜘蛛人在攀岩走壁，兩手抓緊纜繩，一逕兒往藍天高處張望，根本不敢向下看。後來漸漸習慣高度，一旦克服心理恐懼，愈爬愈得心應手，變得藝高人膽大，不但頻頻回頭俯瞰，還不忘騰出手來，拿起相機拍攝身後美如其名的雲歇峰（Clouds Rest）和腳底下深峻的緹納亞峽谷（Tenaya Canyon）。風光無限明媚，大家堆滿笑臉，直呼過癮。在這陡壁上一鼓作氣攀爬了近150公尺，我們一腳踏上半穹頂之巔。

「哇──到了！」高聲振臂一呼，開心地在寬闊崖頂隨意走動。俯看腳下千餘尺深處的優勝美地山谷，瑪瑟河如一彎閃亮的銀色絲帶，靜靜穿流其間，山谷鋪滿了墨綠樹林，交錯著淺綠草原，幽谷兩旁是陡直的花崗岩崖。由冰河雕鑿的U型谷地形，在此一覽無遺。極目遠眺，風景從我們所站的地方向

半穹頂上，水平的岩石節理清晰可見。後方即是雲歇峰的磨光岩面。

四面八方伸展開去，觸目盡是宛如波浪般浩瀚起伏的花崗岩海，在陽光下閃耀著，從腳底一路綿延至廣闊天際間。這不可思議的大自然造化，真是美極了！

「置身在如此的美中，讓這些美的光彩穿體而過，整個軀體彷彿變成味蕾，因品嚐了這美味而激動不已。誰不想成為登山家！在這兒，全世界的獎賞顯得微不足道。」同樣身為愛山者，繆爾描寫得多貼切，多麼傳神，多有感情啊。

如果可以，真希望就這麼一直待在山頂。可是陣陣涼風襲來，吹得身子愈來愈冷，真是高處不勝寒，該下山了。

走到崖邊，扶著繩梯往下看，這才發覺，赫，下坡比上坡還驚

從半穹頂眺望東側的緹納亞峽谷和3025公尺高的雲歇峰。

險，還難！上坡可一逕兒往上瞧，而下坡，兩旁深不見底的斷崖卻由不得視若無睹，那才真叫「如臨深淵」。文堯一馬當先，說他先下，萬一我失足他還能及時用身子擋住或抓住我。這話讓我頓覺安心許多，轉身面對岩崖，抓緊纜繩，低頭尋找木樁踏足點，盡量專注看著腳底岩石，不讓視線落到繩子之外的萬丈深淵去，免得頓覺頭暈目眩。一步，再一步，極其小心地，緊貼岩壁慢慢往下挪，走得驚心動魄。好不容易下至平坦處，兩隻手心已被鋼索磨得隱隱發疼。

不過，些許餘悸很快就被壓倒性的喜悅沖散。大家輕鬆踏上歸途，見步道上的朝聖者接踵而至，似乎所有來優勝美地的人都想一親半穹頂芳澤。幸好我們趁早登了頂，不用跟著排長龍。開心地想哇啦哇啦引吭高歌一曲，總算又完成一個夢想已久的心願了。

荒野的呼喚

夏天的優勝美地山谷人車擁擠，不得不令人敬而遠之，我們都盡量到後山荒野健行去。此公園有93％是荒野區，約有30來個登山口

夏天的瑪瑟河畔，枝葉扶疏，綠意盎然。

（trailhead）。後山唯一鋪柏油的提歐加路（Tioga Road）是很多健行步道的起點，其中有些路段的海拔將近3000公尺，這條路通常要到5月下旬冰雪融化時才通車，而往往在11月第一場大風雪來襲便關閉，因此每年開放通行的時間約僅有半年。

百年來的荒野，至今之所以仍為荒野，是因為園方對荒野區有一套嚴格的規定。如果想在深山裡過夜，得先申請「荒野許可」（wilderness permit），每個登山口每天允許入山過夜的人數從十到二、三十人不等，名額並不多。園方依照各荒野區生態環境的脆弱程度及其所能承受的負荷力，訂定名額多寡。透過此管理方式保持曠野風貌，期能將人類對荒野的衝擊減至最低。

不曉得是因加州人口愈來愈多，還是愛爬山露營的人愈來愈多。十幾年前申請荒野許可，即使在週末，我們很少認為那會是個問題。近幾年倒覺得愈來愈不容易，尤其是那些熱門路線。翻開公園地圖便一目瞭然，能走到半穹頂的，都是眾望所歸的搶手路線。

通常在半年前開始接受申請的頭幾天，暑假週末熱門路線的許可就被訂光了。怎麼辦呢？還好荒野許可僅60％可預約，其餘40％

1. 亭亭玉立的Hooker's Evening Primrose。

2. 顏色嬌豔的Owl's Clover近距特寫。

3. Red Paintbrush花如其名，有如刷子般的鮮紅花朵。

採先到先給制（first-come first-served）。舉例來說，譬如大教堂湖（Cathedral Lakes）每天有25個名額，其中15名額可預約，其餘10個可在入山前一天，親自到申請站（Permit Station）申請。

　　想想，10個名額，其實是很少的。尤其7、8月放暑假，想趁週末到優勝美地荒野露營的加州人又何其多？若完全無法變通，只能在特定某天走某條步道，那真是難上加難。記得某次申請許可時，和巡山員有這麼一段對話：

　　「請問一下，日升湖還有當天的名額嗎？」

　　「對不起，已經沒有了……」巡山員看著電腦螢幕，搖搖頭說。

　　「那麼，大教堂湖呢？」

　　「讓我查一下……抱歉，也被拿光了……」巡山員再度搖搖頭。

　　「那麼，冰河點呢？」

　　「應該也沒有了……嗯，果然沒了……」只見巡山員一直搖頭，還順便補了這麼幾句：「小姐，公園的步道那麼多，登山口幾十個，

1. 優勝美地山谷八月上旬，一片盛放的野雛菊（Common Madia）。

2. 夏天山谷中綻放的白芷（Cow Parsnip）。

托魯米草原綻放著一片紫紅野花Owl's Clover。

妳選的這幾條偏偏都是最熱門的（the most popular trails），當然沒名額了。如果你們一定要走這些路線，只能申請明天的名額，其他沒別的辦法了。」巡山員無可奈何地聳聳肩。結果因為無法多等一天，我們只好改變原來計畫，走其他較乏人問津的路線。

還有一次臨時起議，想趁週末到後山三千多公尺的弗歌山（Vogelsang）走走，這也是受登山者喜愛的荒野區。時值8月下旬，和文堯一大早從托魯米營地趕到申請站，那時還不到六點半，而申請站七點半才會開門。一看，門口已經有人在排隊了！

枯等一個多鐘頭，為了打發時間，與排在我們前面的中年老美聊起，才知他怕拿不到許可，趁太太和兩個小孩都還在睡，居然清晨五點多就跑來門口等。聊著聊著，他問我們有沒有拿過「預約」許可，還順便抱怨說：「這國家公園的荒野許可真難預約，我真不知道別人是怎麼辦到的。像我之前想打電話申請，以為會比較省事，結果在家打、在公司打，甚至在車上用手機打，那支電話線永遠busy，根本打不通！他們真該改善一下這個系統……」是啊，我完全能體會這位先生的心情，荒野許可的申請熱線，有時真會讓人打到手軟。

另一次更誇張，是去年8月上旬的事。我們也是清晨六點多就趕到申請站，卻見屋簷下的水泥地上，大剌剌地攤了兩個睡袋，一對年輕老美居然就裹在裡面，只差沒把睡袋堵在門口等開門。後來得知，他們不到凌晨四點就躺在那兒等，因為他們要走的那條路線一天只有十個名額，換句話說，先到先給只剩四個名額，而他們一隊有四人，所以一定得全部拿下來。當申請站一開門，他們第一個到櫃臺，拿到的是翌日四個許可，他們還很高興哩。

優勝美地的荒野到底有何迷人之處，為什麼有這麼多人像我們一樣，費盡周章去申請許可呢？

我想，不僅因為荒野之美，還有很多難以言喻的莫名感覺。扛起背包走入深山，讓人們不得不遠離物質文明的舒適生活，在大自然中克服恐懼，激發潛能與勇氣，也因而能回歸原初本性，心無窒礙地面對天地與自己。正如梭羅在《湖濱散記》中所說的：

「原始時期人類生活之單純與赤裸，至少暗示著一項好處，就是

被夕陽打成火紅的弗歌山，岩壁本身會發光似的，撼人心弦。

此種單純與赤裸，讓人仍能繼續成為自然界中的一名過客。當他飯飽睡足精神恢復之後，會再次踏上征途。他好像是住在世界上的一個帳篷裡，不是穿過深谷，就是越過原野，或是爬上山峰。但是看哪！現在的人類，已變成了他們自己工具的工具了……我們不再為一宿而紮營，我們業已安頓在人間而忘卻了天上。」

說的多麼鞭辟入裡！可不是麼，荒野的呼喚之所以難能抗拒，至少對我而言，那種單純與赤裸是一種形而上的體悟、性靈的淨化與提升。那是令人無法忘卻的天上，而不是人間。

山水相映大教堂峰

在後山曠野中，矗立許多別具一格的岩峰。我最欣賞的一座，是托魯米草原南側的大教堂峰（Cathedral Peak），海拔3335公尺高，就位於約翰·繆爾步道上。此峰西鄰大教堂湖，分為上、下大教堂湖（Upper & Lower Cathedral Lakes）。從登山口走到大教堂湖畔，步程五公里多，爬升不到五百公尺。

以前還年輕，常常不知不覺就走到岩峰腳下。現在歲月不饒人，重裝走在這條熟悉步道上，剛開始心情無比愉快，當然銳不可擋，沿途還能傾聽蟲鳴鳥叫，欣賞山徑旁的不知名野花，好一番閒情逸致。但隨著一路持續負重上坡，漸漸地，整個人爬得氣喘吁吁，汗流浹背，即使三不五時就端起相機，東拍西照藉機休息，可過不了多久，就愈走愈吃力，背包愈來愈沉重。

天知道我為什麼老愛不自量力，那麼喜歡和地心引力對抗。每次都激勵自己：「再往上爬一段，再爬一段，就到了……」可是地圖上明明很短的一段坡，卻似永無止盡。愈來愈覺得不行了，信心動搖了，就開始自怨自艾起來：「為什麼要爬山？為什麼？」此時，心裡便有另一個聲音響起，即時回上這麼一句千古名言：「因為山就在那裡！」而往往這麼掙扎著反覆問答數次後，目的地也就不知不覺到了。

右前方青翠草原中，在豔陽照耀下閃爍著粼粼波光的，不正是

上圖：山水相映間，上大教堂湖映照大教堂峰，一片湖光山色。

下圖：夕陽餘暉中的大教堂峰，在大教堂湖映照下，更顯莊嚴靜謐。

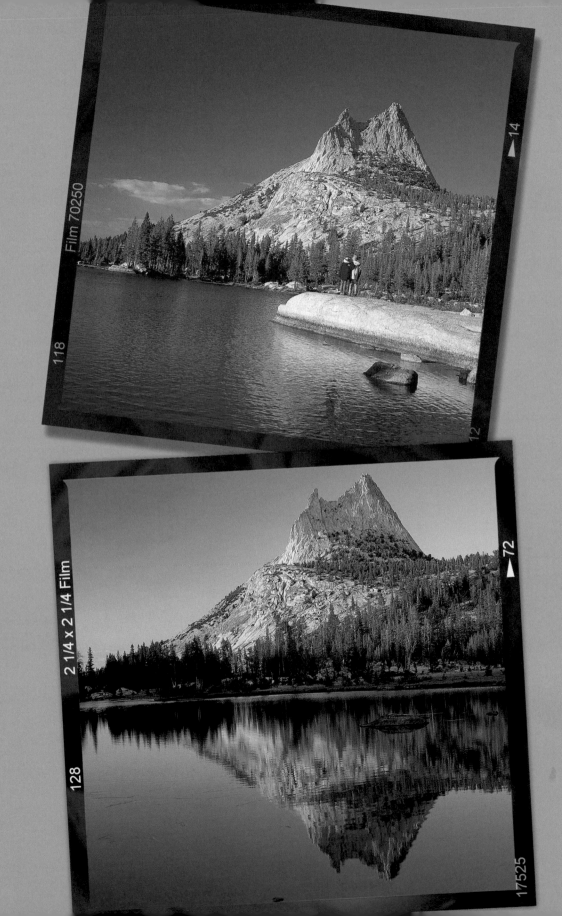

美麗的藍色蜻蜓棲停在湖邊青草上。

大教堂湖麼？再往前幾步，大教堂峰倏然聳立於左側林梢之上，一座形狀獨特的錐狀岩峰，尖銳的雙峰直指向天，透著一股正氣凜然的威嚴。大教堂峰與大教堂湖，堅硬雄偉的花崗岩峰旁，靜淌著如藍寶石般的清柔碧波，山水相映，剛柔並濟，好一個湖光山色啊！

　　快步奔向湖畔樹蔭，背包一扔，伸展酥麻的臂膀，痛快地活絡筋骨。此時心中的舒暢快活，是世間任何事物都無法相比的。印度護持神化身的達摩達羅不就這麼說過：「除去那些自由享受廣袤空間的人，世上再也沒有快樂的人了。」接下來，一身輕，仰躺在柔軟草原上，聽風，看雲，徜徉山水間。以臂當枕，就這麼躺著，什麼也不

做，願化為一隻羽蝶，任思緒輕盈飛翔。

　　藍天中朵朵的白色積雲，多麼像宮崎駿筆下的「天空之城」。繆爾在1869年夏天在此牧羊時，一定也很愛看著天空發呆吧。那時優勝美地還未成為國家公園，瑪瑟河與托魯米河（Tuolumne River）兩大流域的廣闊荒野都未被立法保護，可任人放牧。繆爾那年暑假幫人放牧，深知過度放牧對山野環境的破壞蹂躪，後來便極力反對這種畜牧活動。

　　從繆爾當年的日誌，我還驚喜地發現，原來在他爬過好多山之後，大教堂峰仍是他最喜愛的岩峰之一。他在《夏日走過山間》如此熱情地描寫道：

　　「在這一片莊嚴崇高的山景中，最令人驚嘆的還是主教峰（即本書所指的大教堂峰），它像一座神殿⋯⋯總讓我忍不住要發出虔敬的驚嘆與讚美聲⋯⋯我甚至可以說，這是我到加州以來第一次上教堂，在大自然的指引下來到這裡，我立即發現每一扇門都已仁慈地為我這個孤獨貧窮卻虔誠的人而開。〔⋯〕

托魯米河青青河畔草和遠處的花崗岩峰。

　　我可以永不厭倦地凝視美妙的主教峰，它是我所見過最有個性的岩石和山峰，也許只有優勝美地的半穹頂能與之比美。森林、湖泊、草原和唱著歌的快樂溪流，似乎都有一股貼心熟悉感。我希望能永遠與它們為伴，在這裡，我只要有麵包和水就滿足了。即使不能漫遊或爬山，而是被拴在草地或樹林間的木樁或樹幹上，我仍會永遠滿足。」

　　繆爾不但將大教堂峰媲美半穹頂，還說願意永遠長住於此，可見他多麼喜歡這裡，難怪這段步道會被劃入三百多公里長的「約翰·繆爾步道」。特別值得一提的是，那年他並未憑藉任何爬岩工具，就這麼赤手空拳地獨攀大教堂峰，成為第一個登頂此峰之人。

夏

在大教堂湖畔，我還曾聽到躂躂的馬蹄。那是我們第一次看到優勝美地的女巡山員騎馬出巡。在空山曠野中，輕輕響起了躂躂馬蹄聲，清脆悅耳。尋聲望去，在那條凹凸不平的石徑上，出現了兩位女巡警，各騎一匹高大駿馬，朝我們迎面走來。在台灣爬山我從沒見過這般瀟灑的景象，乍見下，覺得好稀奇。這豪邁原始的一幕，真像武俠小說中的場景。

她們勒馬停住，含笑打招呼，眼角掃視一下我們的大背包，其中一位問道：

「是否打算在山中過夜？能否看一下你們的荒野許可？」

原來是來檢查許可的，園方執法還真徹底，幸好我們奉公守法，沒有鑄成美麗的錯誤。許可上印有登山口、入山日期、隊伍人數等。她接過許可，很快地看過，說道：

「你們曉得這裡常有黑熊出沒，紮營時食物要妥善處理？」

「有的，我們有帶長繩，會把食物高高掛到樹枝上去。」

藍天白雲，發亮的花崗岩與清澈的大教堂湖水。

她點頭表示嘉許之意，把許可還給我們說：「很好，處理食物仍要小心些。」另一位接著說：「祝你們玩得愉快！」

目送她們策馬離去的背影，「真帥！」心裡忍不住羨嘆著，千山我獨行，不必相送。做優聖美地的荒野巡山員好神氣，能如此威風凜凜地騎馬出巡，瀟灑走這麼一趟青山綠水。

沉重的呼吸聲

這山區還真是黑熊經常出沒的地方。我不知道百年前的繆爾是否也有同感，但每次我們在大教堂湖畔紮營，一定會遇到熊。

十幾年前還可將食物塞在一個不易磨破的袋子裡，用很長的繩子把袋子高高掛到樹枝上。但熊會爬樹，顯然仍能搆到樹上的食物。近年園方已規定大部分荒野區都得用熊罐貯存食物，不能再用繩掛法，可見熊的問題是愈來愈嚴重了。

熊不但聰明，而且會從經驗中學習。只要曾在哪個地方從人們身邊得到食物，便會食髓知味，一犯再犯。大教堂湖是個紮營的好地方，但只要曾經有人對食物處理不當，粗心或不負責任地讓熊輕易取得食物，熊就會每晚都來巡視一遍。為了裹腹，即使有很多人在此紮營，牠照樣來去自如。

泥濘中清晰的熊掌印，好似不久前才留下來的。

與在台灣爬山最不同的地方，就是要不時提防熊，「小心地就在你身邊！」打從在加州爬山起，我們已養成一些習慣，譬如從不在帳篷裡放食物，入睡前會裡裡外外仔細檢查一遍，看看背包和衣服口袋裡是否有食物或垃圾忘了拿出來。熊的鼻子十分靈敏，我們怕食物香味會燻到帳篷，不小心把熊吸引過來，炊煮的地方會和帳篷保持一段距離，熊罐餐具等也不會擺在帳篷附近。

剛開始，我們在山上喜歡煮蕃茄麵，就是洋蔥切碎加蕃茄罐煮成熱熱的湯麵，還覺得這樣已經很簡單，夠簞食瓢飲了。後來卻發覺蕃茄罐和洋蔥這兩項在山上還算是「奢侈品」，因為重量並不輕，而且洋蔥味道重，湯麵若吃不完很難處理，清洗鍋子也麻煩，衣袖上還常會留下刺鼻的洋蔥味。漸漸地，我們在荒野紮營一律改吃脫水登山食品，只要把熱水注入耐熱鋁箔袋，等個十分鐘晚飯就好了。鍋子既然只用來煮水，就再也不用擔心洗鍋的問題了。

而聰明的黑熊，總是耐心等到夜深人靜，趁人們睡去，才悄悄出現。一身黑衣裝束，黑暗中如魅影一般，神龍見首不見尾。記不得從

何時起，文堯總把乾淨的鍋子餐具，整齊堆放到熊罐上，疊得高高一落，還開玩笑說，只要看鍋子有沒有被打翻，就知道半夜熊有沒有來過。隔天一早去取熊罐，若看到鍋子餐具散落一地，就可知熊曾到此一遊，還好牠拿熊罐沒輒。

在這湖畔最恐怖的一次，大概是三、四年前，我們帶朋友Don去的那次。Don的單人帳離我們六、七公尺遠，他習慣早睡，不到十點就進帳休息。我和文堯裡外檢查一遍，也鑽進帳篷裡。

萬籟俱寂。不曉得過了多久，半睡半醒間，我彷彿聽到帳篷外有種很奇怪的重重腳步聲。側耳傾聽，走走停停的，距離很近。「咦，那是什麼聲音？是Don嗎？」文堯也聽到了，因為我們的帳篷和別人都離得蠻遠的，除了Don，理當不會有人刻意打從帳旁經過。

聽起來不像人的腳步聲，也不像是野鹿。心下覺得不對，睡意全

黑熊也有棕色的，和棕熊的區別在於除了體型較小，且肩背沒有隆起。

沒了，就乾脆把整個頭伸到睡袋外，想聽個仔細，結果除了腳步聲，我還清楚聽到了「喝…喝…」像是從鼻孔噴氣、沉重的野獸呼吸聲。

「是熊！」文堯迸出這麼一句。「天啊，真的還假的？」沒想到居然是熊，顯然就在我們的帳篷外晃蕩，來回踱步，近得連牠的呼吸喘息都聽得一清二楚！

頓覺毛骨悚然，一股恐懼襲上心頭。帳裡帳外都沒有食物，牠到底想幹嘛？我和文堯幾乎同時從睡袋中彈起，立刻把頭燈打亮，要讓熊知道帳內的人還清醒著。「如果熊覺得好玩，把背包叼走就糟了……」文堯想想不放心，唰地一聲，拉開帳篷，順手拿起門邊的腳架充當自衛武器，勇敢地將半個身子探出帳外，用頭燈照前照後，大聲喊著：「Hey bear！Go away！」邊看邊說：「外面黑漆漆的，什麼也看不見……」機靈的熊大概躲到附近林子裡，被我們嚇跑了。

隔天我們問Don，他也有聽到熊的腳步聲，一時不曉得怎麼辦，只好躲在帳裡沒敢出聲。結果被文堯開玩笑調侃了一下：「你應該更勇敢些，至少可以幫忙喊一喊，嚇嚇熊啊！」

被一口咬扁的筒罐

黑熊體型較小，真被逼得走投無路，還可勉強跟地面對面，奮力抵抗。棕熊就很大一隻了，根本打不過，危急時只能裝死，期盼牠善心大發，網開一面。在阿拉斯加如果讓棕熊拿到食物，那真是害人害己又害熊，因為一旦讓牠把食物和人這兩者劃上等號，棕熊會為了食物而攻擊人，人會因為無法抵抗而遭殃，而一旦人被熊傷害，巡山員就不能坐視不管，那隻熊通常是死路一條。

加州棕熊早已絕種，只剩黑熊。雖然黑熊威脅性較小，園方仍到處設立牌示，警告人們隨時提高警覺，別讓熊有機可乘取得食物。不但餵食野生動物者，園方會處以罰鍰，食物若未依規定加以妥善貯藏，也會被開罰單的。因為熊會從經驗中學習，一旦拿到食物，接下來便會主動接近人們。一犯再犯的熊，會被園方做標記，被認為是「問題熊」，到最後往往難逃被射殺處決的命運。

筒罐裡空無一物，熊仍能嗅到捲餅餘香，一口咬扁筒罐。

夏

除了大教堂湖畔，在萊爾峽谷（Lyell Canyon）也曾有段難忘的經驗。那次帶著表妹永欣和表妹夫世仁，他們帶了一種很好吃的巧克力夾心脆捲，是那種圓筒鐵罐裝的，當天一開罐就大受歡迎，一下就被吃光光。既然只剩個空罐，我們就把它和熊罐擺在一起，也沒想太多。當天晚上，我們沒有一人聽到可疑的聲音。翌日清晨起床，我還在想，這萊爾峽谷恐怕是我們走過的荒野區，唯一沒遇到熊的地方。

隔壁帳篷的世仁和永欣比我們早起，可能想先升爐子準備早餐。接下來卻聽到他們在較遠的炊事區，輕輕發出一聲驚呼。

「怎麼了？發生什麼事？」文堯邊問邊把頭探出帳外。

「昨天晚上……可能…嗯…看起來…好像有熊來過？」世仁語氣不太確定。

「什麼？熊做了什麼事？」文堯趕緊出了帳篷，我緊跟著。

萊爾峽谷中的萊爾支流，沿途有不少階瀑景觀。

來到炊事區，只見熊罐被推倒了，鍋子鋼杯也散了一地。除此之外，看不出熊做了什麼。

「你們看這個！」永欣把那個夾心脆捲的空罐舉到我們面前，圓筒的蓋子仍緊閉著，沒被打開。可再仔細一瞧，比合掌還粗的圓筒形鐵罐，竟被熊一口咬扁了，罐上還留有熊的清晰齒印，顯然牠仍聞得到密閉空筒裡的「餘香」，好厲害的鼻子！

在荒野出入無數次，我們從沒看過這種「熊齒印藝術創作」，怵目驚心之餘，竟覺得這是和熊擦身而過的難得「鐵證」，頗值得留念。文堯有些愛不釋手，便轉頭問永欣：「這筒罐可以送給我們帶回家做紀念嗎？」

「當然可以啊……」永欣很大方，一口就答應了。那只變形的熊齒印筒罐，自那以後一直擺在我們家客廳供人瞻仰。

和昔日山社伙伴坤惠一起走全景步道，遠處岩峰為半穹頂。

故事講不完。另一次是和坤惠在小優勝美地，清早走在步道上邊走邊聊，文堯尾隨在後。冷不妨，步道旁出現一對母熊和小熊，不到十公尺，距離好近，我和坤惠都嚇一大跳。只見那母熊也被我們嚇到。坤惠第一個反射動作，是想拿起掛在脖子上的相機，母熊見坤惠右手一動，竟一副作勢欲撲狀，我趕緊拉著坤惠退後兩步，母熊便趁這幾秒空檔，迅速帶著小熊鑽進林裡。我們驚魂甫定，一時不知該不該繼續前進，卻發現步道邊又閃出一隻落單的小熊，牠看到我們，遲疑一下，就溜進林子找媽媽了。

短短一兩分鐘，世界好像頓時停擺。三隻熊已不見蹤影，心跳卻仍持續加速，一股涼意直往背脊上竄。聽過太多例子，突然驚嚇到帶

美麗山谷位於托魯米河峽谷上游，河畔有高聳岩峰。

小熊的母熊，通常是最容易發生危險的，母熊會不顧一切地拚命保護小熊。還好我們及時後退，先讓出了空間，這隻母熊便仁慈地網開三面，有驚無險。坤惠第一次看到山林中的母熊與小熊，距離還如此之近，更覺震撼不已。後來繼續往前走，她還一路開心笑著說：「這趟真是值得，太值得了！」我卻覺得胸口心臟還在噗通噗通跳個不停。

聲勢浩大的托魯米河，在夕陽渲染下更顯出色。

美麗山谷

最囂張的熊，可能出沒在托魯米草原北邊的Glen Aulin，會從營區任一可能方位，三進三出，來無影去無蹤。而且不等天黑就會現

身，出神入化境界之高，令人嘆為觀止。

"Glen Aulin" 意指「美麗山谷」（beautiful valley），位於托魯米上游河谷、四周樹林環伺的一處小山坳裡。從托魯米草原走到美麗山谷約八公里，步道沿托魯米河蜿蜒而下，沿途有一連串令人驚艷的階瀑。這段步道也屬於太平洋山道（Pacific Crest Trail）一部分，某些介紹健行步道的書還這麼描寫：「在優勝美地的高山區以下，沒有一條路線比得上Glen Aulin步道在景色上具有更多的驚奇。」

6月至7月上旬，高山融雪源源注入托魯米河之際，是美麗山谷的瀑布最壯觀盛大之時。穿越蘇打泉（Soda Spring）那一帶青青河畔草，被雪水豐盈滋潤的鮮嫩草原，閃著翠綠色澤，纖細如絲，光滑柔軟如緞。旋即漫步松林中，綠蔭遮擋夏日炙陽，微風輕輕吹拂，溪水潺潺，松濤低吟。走到林間空曠處，但見獨角峰（Unicorn Peak）和大教堂峰轟立於南方原野盡頭，好一幅賞心悅目的景致。

待轉入花崗溪谷，河谷倏地收緊，兩岸絕壁奇石，奔騰的急流穿行亂石間，發出喧嘩聲響，不時激出悅耳動人的樂章。時遇地形平緩處，石上流泉悄然化為碧綠深水，靜靜淌在松林環繞間。又遇下坡，溪水涼涼如琴，彷彿先調好音，蓄勢待發，為下一曲做準備。接著，猛然翻滾而下，爭先恐後激起蕾絲般白色水花，沿著一階又一階河床，豪放不羈引吭高歌，自由快樂地盡情歡騰。

到了美麗山谷營區，海拔不到2400公尺，環境清幽的樹林邊有個小瀑布和一座深潭，堪稱碧水藍松間。這裡有重裝健行者專用營地，緊鄰一區搭有十來頂白色篷布帳，稱為High Sierra Camp，是報名騾隊者或輕裝健行的人們休息食宿的地方，收費頗高。優聖美地後山荒野中，分布有五處這種商業營區。

不知是否因為這一小塊山谷人口密度較高，還是碗狀地形進可攻退可守，周圍又有密林掩蔽，所以熊特別鍾愛此區，並練就一身好本事。我們第一次來到這裡，天已黑了，營區裡有很多人正在煮飯，香味四溢，營區的中央還升起一堆熊熊烈火。我們打亮頭燈，找到一個空營地，放下背包，想先休息一下。

正想取出炊具開始煮晚餐，驀地，「Bear！Bear！There is a

把一路圈兒圈到底。」如不曾走到這裡，又怎知優勝美地後山荒野中藏有這麼多造型獨特而可愛的圈圈瀑布，到處畫個圈兒替，如此引人遐思呢？

優勝美地的夏，是極寬廣迷人的。置身曠野中，除了森林、湖泊、草原，和會唱歌的快樂溪流，我還看到了壯麗雲景和山巒千變萬化的風貌，就連那被冰河磨亮的花崗岩峰似乎都有了生命，與心靈產生對話。而在寧靜的夏夜，每當自己呼吸著沁涼如水的空氣，凝視著如鑽石般的燦爛星辰，聽著潺潺流水，沉浸在一種純美的氛圍中，梭羅在《湖濱散記》充滿詩意的話語便會再度響起：

「時間不過是我垂釣的溪流。[…]溪水不停地流逝，但永恆卻萬古常存。我但願飲得深些；在天堂垂釣，天空的石底布滿星辰。」

繆爾曾形容托魯米河水質乾淨，居優勝美地之冠。

秋

autumn

YOSEMITE

This one noble park is big enough and rich enough for a whole life
of study and aesthetic enjoyment [···] its natural beauty cleanses
and warms like fire, and you will be willing to stay forever in one
place like a tree.

John Muir

這高貴公園的廣大豐饒，
足以讓人窮畢生之力來研究、欣賞其美學……
它的自然之美就像火一般潔淨與溫暖，
而你將會願意像棵樹般，
永遠駐留此地。

約翰・繆爾

秋天的瑪瑟河，平靜悠緩的河面映出艦長岩的倒影。

最高貴的樹

「優勝美地的秋季，品質經常讓人覺得悲哀：瑪瑟河水位很低，瀑布到這季節也已經沒水了。秋天的顏色從不那麼燦爛出色，但是橡樹及柳木的枯葉及其深沉的金色，卻別具一股寧靜之美。」

長年居住於此的自然攝影大師安瑟‧亞當斯，對秋天的優勝美地山谷下了這樣的註腳。他用「悲哀」來形容，其實是真的。山谷秋色，是金褐色系列，並非像美國東北新英格蘭區那般的遍地楓紅，而且遇到較暖和的年份，秋葉便無法呈現那麼金碧輝煌的一面。此時瀑布也漸漸枯竭，清淺河流緩緩低吟，像奮力忙碌了春夏兩季，至此刻，累了，欲振乏力，只想好好安靜休息。唯一能令人欣慰的，大概就是人潮也跟著水聲，悄悄退去。

只有無言的風仍毫不倦怠，不分晝夜不分季節，拂過山谷，穿過森林，撫過原野，掠過河畔，吹得片片變色的秋葉在空中飛揚、捲舞。迴旋飄下。又旋起、旋落。風兒在枯葉間，窸窣響起秋之曲，葉

1. 高大橡樹的金黃秋葉及遠方的半穹頂。

2. 瑪瑟河畔的白楊，閃爍著耀眼的金黃秋葉。

多雲秋日，草原中換上秋裝的橡樹別有一番風韻。

兒隨著風兒呢喃伴舞，盈盈跳著最後一支動人淒楚的生命舞曲。繆爾曾說，雲的流動，就像是風的出版品，那麼，秋葉的飄旋，不也是風的另一種宣言？

　　我依然覺得，幽谷之秋，有其獨特的韻味。落葉飄零，依然充滿金燦的風格。大概就像是，當你真心喜歡一個人，即使他／她稍有不足之處，你仍會換個角度欣賞，兼容並蓄加以讚揚。

　　此際，山谷裡最具特色、最亮眼的植物，就是那些會隨著四季輪轉而改變顏色的闊葉林樹。我最鍾愛的一種，是生長在山谷平坦草野中，枝幹娉婷而優雅大方的加州黑橡樹。另一種山橡樹多分布於山谷北側多陽的碎巖堆坡地帶。此樹有著粗壯的黑褐軀幹，高高低低的

逆光的大葉楓，金色秋葉彷彿被帶至生命最亮麗的顛峰。

枝枒交織出一種不易理清的錯綜個性。雍容華貴的高大樹冠，披綴無數鮮豔的秋色金葉，站在樹下仰望，粼粼陽光透過樹梢細縫在高處閃耀。風兒輕輕吹，鑲著金邊的葉兒忍俊不住嘻笑，光影交錯中，恣意翻舞著。

　　而性喜涼爽濕潤的大葉楓和山楓，此時也已一身精緻亮麗地在瑪瑟河畔搖曳生姿。在溪邊還常可見到白楊、赤楊、花茱萸或柳木等，這些落葉樹在春夏之際，或嫩綠，或青翠，或墨綠，和長青針葉樹混合編織山谷中深淺不同的綠影，唯有到了秋季，當它們殷勤換上鮮豔秋妝，才漸漸現出各自曼妙的本性，風姿綽約地用不同身段與彩葉訴說自己璀燦的故事。映襯著後方花崗崖壁的灰暗背景，秋葉彷彿化為

1. 樹葉轉為金黃色的橡樹，後方是大教堂岩群。

2. 西黃松又稱龐德羅沙松，繆爾稱為優勝美地松。黃褐樹幹有明顯刻紋，如一塊塊圖版拼湊起來。

220 EPC SSO

Agfa Provesta Film

迷你的芳泉（Fern Spring），也流露出秋的氣息。

1. 巨杉粗壯而挺直的赭紅色樹幹,獨樹一幟。
2. 走在龐德羅沙巨木群,參天巨杉環峙。

一片細細碎碎的金子,本身會發光發亮似的,將生命帶至絢爛巔峰。

在沒有陽光的蕭瑟秋天裡,不知不覺會被地面上那重重疊疊落葉所鋪陳的美麗圖案所吸引。各種樹葉的形狀反而有了更清晰的圖像,在空曠林間駐足欣賞長青針葉樹,也別有一番清幽意境。海拔1200公尺的優勝美地山谷,是混合松類的針葉林區,其中針葉樹有花旗松、銀冷杉、擬肖楠、傑弗瑞松等。最常見的是西黃松(Yellow Pine, *Pinus ponderosa*),私底下我喜歡按其學名,稱之為龐德羅沙松,唸起來有韻味多了。此樹在山谷幾乎隨處可見,繆爾還建議改稱為「優勝美地松」(Yosemite Pine)。樹幹呈黃褐或紅棕色,樹皮厚而有明顯的刻紋,恰如一塊塊大同小異的圖版拼湊起來似的,讓人看過就不容

易忘記。據說此樹對於不同的土壤環境與氣溫雨量變化適應力較強，在內華達山區也是分布很廣的針葉樹種。

最值得一書的，是體積龐大的巨杉（Sequoia），繆爾曾讚美此樹是「世界上所有高貴的針葉樹中，最高貴的一種」。這種樹高聳巨大，比龐德羅沙松更令人難忘，肉桂色的樹幹，平均直徑約4至6公尺，張開手盡力伸直胳臂，還摟不著樹幹兩側。碩壯筆直的身軀高達七、八十公尺，相當於二十幾層樓高；有些巨木年齡近兩、三千年，堪稱超級神木，而那一柱擎天的氣勢更是無與倫比。走在裡面，自己好像成了小人國的迷你丑角，也難怪百年前羅斯福總統會由衷讚嘆這些巨木比他所見過的任何人類建築，都要宏偉而美麗。在公園南邊入口附近的馬里波沙巨木群，早在1864年就和山谷一起被劃為州立公園，後來相繼納入國家公園版圖的，還有北邊的托魯米和瑪瑟兩區的巨木群，就位於120道路和提歐加路的交會口附近。

「每兩棵樹中間，就是一條通往知識的路。」若如繆爾所說的，那麼優勝美地闊葉與針葉樹木種類如此之多，還不包括不計其數的開花植物、灌木、草類、蕨類、蕈類等，面對公園30萬公頃面積，海拔落差逾3000公尺所孕育的豐富植被與多樣生態環境，可能研究一輩子，都只能略知皮毛。

1. 爬藍柏特穹頂，此岩具有典型的磨光岩面。
2. 沿拉弗提溪往上游走，可通往三千公尺高的弗歌山。

白雲歇腳的地方

後山的提歐加路在9、10月之際，通常依然暢行無阻。秋高氣爽的日子，陽光自由揮灑在山巒與曠野間，被冰河磨得閃閃發亮的花崗岩峰更加明亮，澄澈的湖泊映著奪目光彩。此時蜿蜒草原中的托魯米河，和瑪瑟河一樣地輕聲低吟，空曠的托魯米草原不再青翠，而是瑟瑟秋黃，帶點兒黯然悲傷的情懷。

這乾燥的大地，多麼渴望午后雷雨短暫的滋潤，期待天空朵朵積雲化為珍珠般的雨滴。我尤其愛在陣雨過後，欣賞黃昏中的草原漫著迷茫霧氣，秋色原野被斜斜夕陽加深渲染了色彩，彷如鑲上一層薄薄的金粉光澤，眩目而神祕。

秋意日增，人影遞減，荒野更有了孤寂意境，我們喜愛在此時節登高望遠。後山有不少岩峰具有極佳的視野，步程較輕鬆的，如外型很有個性、呈錐狀的藍柏特穹頂（Lembert Dome），從頂上可俯瞰托魯米草原，眺望南方的大教堂峰和獨角峰。東邊高達3979公尺的達

納峰（Mt. Dana），從西坡一路緩上，不到半天步程，從峰頂可東眺遠處沙黃荒漠中的莫諾湖（Mono Lake），湖身如一只磨得光亮的藍色大盤子，南側有幾個杯狀的火山錐，顯示此區以前曾有過火山活動。從拉斐提溪（Rafferty Creek）爬上弗歌山隘口（Vogelsang Pass），可清楚看到東南方達3997公尺的萊爾山（Mt. Lyell），以及南方的克拉克山脈（Clark Range）。而位居公園地理位置中央的霍夫曼山（Mt. Hoffman），海拔雖僅3307公尺，展望更佳，不但可遠眺東邊與南邊的山脈，北方托魯米河流域以及南側近處的半穹頂和雲歇峰，更是一覽無遺。

我特別鍾愛的是雲歇峰。雲歇峰顧名思義，是白雲歇腳的地方，多美的名字！優勝美地有無數山峰，大概就屬這座山頭的名字取得最為浪漫，引人遐思。此山海拔3025公尺，比半穹頂高三百多公尺。第一次見到此峰，就對她那一大片磨光的岩壁留下深刻印象，之後更

1. 夕陽映照下，將雲歇峰被冰河雕鑿的磨光岩面打成金色。

2. 上到雲歇峰主稜，眺望底下的緹納亞峽谷。

3. 清澈緹納亞湖，湖畔有巨塊花崗穹頂環峙，是個很美的高山湖泊。

發現，不管從前山的山谷或是從後山荒野，無論從哪個角度望過去，她總是閃著明亮耀眼的光輝。想接近她，從提歐加路的緹納亞湖登山口啓程，高度落差僅五百多公尺，應是最輕鬆的走法。不過，最後那一段上坡走起來仍令人氣喘不已。

和攀爬半穹頂比起來，雲歇峰遠不及其驚險，但登頂後的視野卻更遠更寬廣。在峰頂上，腳下是峻深的緹納亞峽谷，我沒想到竟能如此貼近欣賞雲歇峰這面赤裸裸的磨光岩壁。是怎樣的力量，讓這岩面看起來如此平滑，稜角盡失？而從這角度看下游一脈相通的優勝美地山谷，切深的山谷兩旁，或尖脊，或圓頂，或寬平，或突出，各式各樣花崗岩貌盡收眼底。秋日豔陽下，似乎所有岩石都閃閃發亮，難怪繆爾要形容這片山域為「光之山脈」！

尤其引人注目的，還是前方那百看不厭的半穹頂。圓頂石不多見，被切得這麼整齊剩下一半的圓頂石，世上絕無僅有，難怪會成為優勝美地的象徵圖案。在雲歇峰頂，我曾看到可愛嬌小的金背地松鼠在岩坡上竄來竄去，沒想到牠會住在這麼高的地方。金背地松鼠啊，你住在高山上，平常都吃些什麼呢？看你無憂無慮的模樣，所有岩石對你來說可能都長得差不多，大概只有人類會想要研究眼前的半穹頂為何會有這麼奇特的造型，而你所居住的這個美麗山谷究竟又是怎麼形成的？

故事可溯至盤古開天闢地，遙遠得無法想像的年代。地質學家在優勝美地所屬的內華達山區，曾發現變質沈積岩和古代海底化石，證明我們腳下所踩的高山，在亙古前原本深藏在海底下。我們在優勝美地所看到各種形狀的花崗岩峰，是億萬年前的地底岩漿，在漫長時間中，經冷卻、抬升與侵蝕過程後裸露出的花崗岩地殼中很小的一部分。

滄海桑田，學說分歧，大約距今兩億至八千萬年前吧，北美大陸板塊向西漂移，導致太平洋沿岸受壓，產生了造山運動。大陸板塊因而褶皺、挫斷，地底熔漿被擠壓上升，部分熔岩侵入了沈積岩層，而未衝出地表的岩漿便在沈積岩層下的地底深處，逐漸凝結冷卻，形成廣大的花崗岩地殼。

左頁：從冰河點附近Washburn Point角度眺望，半穹頂像被切去一半似的。

　　這冷卻的花崗岩盤藏在地表下約一萬公尺深處，後因抬升作用，岩層受壓而漸露出水面，形成隆起地壘，為今日內華達山脈的始祖。約在八千萬至兩千五百萬年前間，原本覆蓋於優勝美地之上的沈積岩層與火山岩塊，經風化侵蝕而被剝除，露出底下的花崗岩盤。整個抬升過程與其間的火山活動是插曲式的發生，且進行得非常緩慢。從地質學角度來看，在八千萬年間上升一萬公尺，等於平均每一千年中才上升18公分。

　　換句話說，在亙古前原是深藏地底、一片熾熱的火紅熔岩，如今這花崗岩地殼卻赤裸曝露於眼前高地，傍著藍天，成為白雲歇腳的地方，還住著可愛的金地松鼠。在無法想像的漫長歲月中，由海底下的岩漿而昇華為美麗的天際線，如此乾坤大挪移，如何能不令人驚嘆大地造化之神奇？！

1. 9月初沿著萊爾支溪往上游走，沿途原野均已轉為秋色。
2. 萊爾峽谷中，呈三角錐狀的Potter Point及溪中倒影。

火與冰的結晶

文堯在學生時代即讀過自然地形學，初次見到優勝美地山谷時，不但知道她的主體是由花崗岩構成，還說這是個典型的冰蝕U型谷，是由冰河雕鑿而成，具有三大特色：寬廣谷底、深長谷槽，以及陡峭谷壁。什麼是花崗岩？什麼是冰蝕U型谷？當時自己似懂非懂，聽他指指點點，用專業名詞來描述，用一種帶有學術氣息的美學角度來欣賞這山谷，耳濡目染下，自己儼然也變成專家似的。後來認真查了相關地質學書籍，果然正如文堯所描述的。

話說這U型谷的形成，約要溯及兩千五百萬年前，即底下花崗岩盤漸露出之際。在那時期，這內華達地壘不但受擠壓而隆起，也因自然界侵蝕作用而形成起伏地表，有低緩山丘與寬闊河谷──其中包括稍具雛形的優勝美地山谷，以及蜿蜒其間的瑪瑟河水系。約在兩千五百萬到一千萬年前，內華達高地再度發生上升運動，使瑪瑟河侵蝕加深。河水侵蝕一直持續進行著，至一千萬至兩百萬年前，抬升活動加劇，瑪瑟河加速切深山谷，使之成為更陡的峽谷。

最後這兩百萬年初期，地球因氣候轉寒，導致冰河時期開始。優勝美地的冰河起因於山岳冰河作用，當時源自內華達稜脊的冰帽，據說有些甚至厚達1.6公里。在地心引力拖拉下，形成流速緩慢的山谷冰河，其中有一條主流冰河便沿著瑪瑟河峽谷緩緩流下，填滿今日的優勝美地山谷。在強大侵蝕力量下，冰河不但鑿寬峽谷河床，切深岩牆，並將河谷內所有沖積土、疏鬆岩被與脆弱岩層一併挖掘帶走，而谷壁伸出的坡腳，亦被切去形成了陡崖。

冰河經過無數世紀的前進與後退，一次又一次的雕刻切琢，優勝美地山谷漸被鑿成現今我們所看到的，這道花崗岩巒峙兩側、陡深的冰蝕U型谷。但嚴格說起來，冰河能有如此傑作，部分還得歸功於花崗岩主要的岩石裂縫，即地質學家所謂的「節理」──成形於岩漿冷卻過程中，並因侵蝕而曝露。有些節理幾近垂直，幫忙塑造了峭壁懸崖，像山谷中的艦長岩及哨兵岩（Sentinel Rock）。有些節理呈弧狀，經片狀剝落後，形成有趣的圓頂石，像與半穹頂南北對峙的北穹

從雲歇峰頂看優勝美地山谷，冰蝕 U 型谷三大特色：寬廣谷底、深長谷槽，以及陡峻谷壁，一覽無遺。

秋

頂（North Dome）即屬之。節理不同，造成風貌各異的花崗巨岩，而半穹頂，則是剝落與垂直節理兩者的結合。

　　換言之，冰河的強盛衰退，加上岩石節理的輔助，造就優勝美地的容貌。冰河前進時的巨大力量很是驚人，在山谷中一路擦刮地表、刮蝕岩床，遇到質地堅硬的岩盤，便造成磨光岩面（polished surface）的現象，我們腳下的雲歇峰便是明顯一例。而半穹頂並非一次就整個被削去一半，而是被冰河慢慢雕鑿而成。冰河挖掘它較脆弱的垂直節理岩壁，並將挖下的碎石一塊塊帶走，留下的堅硬部分便形成那片磨光岩面，好像被劈切一半似的。

　　約在兩萬年前，冰河最後一次進入優勝美地山谷。到了一萬年前冰河消失時，山谷中被冰河剷掘600公尺深的盆地，填滿融化的水，形成古代的「優勝美地湖」。接下來，瑪瑟河主流和支流攜帶大量沖

近看圓形的北穹頂，其下為皇家拱門（Royal Arch），以及右側的華盛頓柱（Washington Column）。

積物，加上四壁掉落的岩塊，漸將湖水填平，終成為平坦的山谷。現今的鏡湖（Mirror Lake）正經歷這種改變，從湖水面積縮小，湖岸漸變為窪地與草地的現象，我們似乎能從其演變，窺見古代優勝美地湖被沈積物填平的過程。

這冰蝕U型谷遂成為鋪滿森林草原的平坦谷地，四周環恃著陡峻的花崗崖壁，好個巧奪天工、令人歎為觀止的優勝美地山谷。

用詩意一點的說法，優勝美地主要是由「火」與「冰」所創造出來：地球內部的火熔岩漿經冷卻後形成的花崗岩，在漫長得無法想像的時間洪流裡，由海底而高山，再經遠古冰河無數次耐心摩磋下，精雕細琢出眼前的絕峰與幽谷。

誰說人定勝天呢？眼前這火與冰雕鑿的花崗幽谷，這神奇得超乎想像的大自然造化，豈人力所能及其於絲毫？！

優勝美地山谷的孿生兄弟──黑淒黑奇山谷，在1923年因興建水壩而淹沒。

被淹沒的孿生幽谷

優勝美地山谷有個孿生兄弟，名叫黑淒黑奇山谷（Hetch Hetchy Valley），位於優勝美地山谷的北方直線距離約16公里處。知道的人並不多，因為她早在八十幾年前就淹沒在水下，經歷了天壤之別的命運。

"Hetch Hetchy" 原是長在黑淒黑奇山谷裡的一種草，種子被米沃克（Miwok）原住民拿來食用，因此山谷就被叫成Hetch Hetchy。1867年，加州地質調查員查爾斯·霍夫曼（Charles Hoffman）首次勘測該谷。繆爾對此山谷情有獨鍾，曾盛讚這個山谷是「一處壯麗的景觀花園，是大自然最稀奇珍貴的山岳殿堂之一。」他認為黑淒黑奇的曠野之美，足以和優勝美地山谷互別苗頭。當他得知西邊240公里遠的舊金山打算在黑淒黑奇蓋水壩，以確保該市愈來愈多的人口水源供應不虞匱乏時，驚訝的程度自是不在話下。

很多國家公園都曾面臨開發與保育的爭議。但在20世紀初期，要

黑淒黑奇水壩日間開放時間從早上八點到下午五點。

在優勝美地國家公園的黑淒黑奇山谷蓋水壩，大概是當時全美國吵得最激烈的議題。

舊金山早在1901年就看中托魯米河的水。1906年，該市發生大地震災難，廣泛引起全國各界對此城市的同情，美國內政部遂於1908年批准了水壩興建提案。黑淒黑奇山谷也因而成了觸媒，引發美國保育運動上分歧對立的兩派觀點：一是主張原始的荒野應該原封不動地永久完整保存下來；另一派是主張地盡其利，自然資源應在能對人類產生最大益處的前提下，被永續使用。

工程師勘查報告說，黑淒黑奇深峻狹隘的山谷尾端，是興建舊金山水壩的最佳地點。反對在此興建水壩的人，認為應多考慮其他可能的選址，即使所需的興建成本要來得高很多。其實繆爾並非反對蓋水壩，而是反對在黑淒黑奇這個山谷蓋水壩，他認為水壩應蓋在其他較不具景觀價值的地方，而不該選在這個和優勝美地山谷同樣具有美麗瀑布、森林、草原的攣生幽谷中。

由於需得到國會多數同意，水壩爭議持續了好幾年。繆爾當時身為山岳社理事長，在社內社外發動了全國性的動員組織，想阻礙水壩法案的通過。具影響力的各大報紙及雜誌編輯紛紛刊登相關報導，讓大家知道有這麼回事，並鼓勵民眾關心參與，幫忙致函到華盛頓特區。繆爾在文章中嚴詞譴責說：「這些神殿的破壞者，致力掠奪的營利主義者，完全藐視大自然，他們的眼睛並非仰望山岳之神，而是仰望全能的金錢。」並憤怒說道：「堵住黑淒黑奇！（Dam Hetch Hetchy!）最好也把人們大小教堂的水塔都堵起來，從未有如此神聖的殿堂為人們這樣貢獻犧牲掉！」

美國森林服務處前任總管吉福‧品邱（Gifford Pinchot）卻辯駁：「整個保育政策的基本原則，是充分利用，擷取大地每一部分的資源，讓最多的人受益。」終於，國會在1913年以43比25的票數，通過水壩的興建提案，美麗的黑淒黑奇山谷在1923年遭淹沒，而歐紹尼西水壩（O'Shaughnessy Dam）自此矗立於托魯米河峽谷中，在這個應屬於全國人民共享的優勝美地國家公園裡。

法案的通過對於一心捍衛黑淒黑奇山谷的繆爾，不啻是重大打

1. 體型較小，長得有點兒像金花鼠的金背地松鼠。
2. 在黑淒黑奇山區健行，發現一隻蜥蜴。

擊，繆爾在翌年1914年與世長辭，很多人都歸因於這項反對運動的失敗，令繆爾心碎所致。

　　不過值得慶幸的是，經過多年動員組織，保育運動已跟著向下紮根，並漸趨成熟。當後來又有人倡議在大峽谷國家公園蓋水壩時，山岳社有效地和其他環保團體聯手制止，最後終能在國會封殺該項提案。

　　從1906年舊金山大地震至今，已整整一百年了。前陣子曾收到一封信，是一個名為「重建黑淒黑奇」（Restore Hetch Hetchy）環保組織署名的募捐信函。他們宣稱，經過數年的可行性研究，已為黑淒黑奇山谷的重建以及灣區城市的水電供應，擬出一套雙贏策略。呼籲大眾一起支持水壩的拆除行動，回復黑淒黑奇山谷原本的容貌。

　　原來這議題吵了一百年，仍未歇止。今日的黑淒黑奇提供舊金山市將近85％的水源供應和1/6電力，也提供大量水源給附近的Alameda、Santa Clara、San Mateo等郡縣。若要拆水壩，所需考量的因素將更多更廣，所牽涉的層面也將比1913年更為錯綜複雜。

　　但時代在變，人們觀念在變，讓黑淒黑奇恢復原狀，並非完全不可能的任務。加州大學戴維斯分校的研究學者用電腦模擬分析指出，完工於1971年、位於托魯米下游的新唐沛卓水壩（New Don Pedro Dam），比黑淒黑奇大五倍，能完全取代上游黑淒黑奇的功能。1913年的國會議員，當然無法預測1971年在黑淒黑奇山谷下游會建蓋一個大上五倍的水壩，他們也無法想像今日會有這樣一個發明叫電腦，可以做很多地理資訊的模擬分析。他們大概也沒想到當初曾多數通過的決策，在百年後可能被推翻，重新來過。

　　早知如此，又何必當初呢？不管黑淒黑奇山谷能否救得回來，修復黑淒黑奇，恐怕還有一段漫漫長路要走，也許，在自己有生之年將看不到這段重整之路的終點。但若真能讓優勝美地的孿生兄弟重見天日，可以想見，在這個山岳殿堂中，將再度出現另一個有瀑布、有森林、有草原的「壯麗景觀花園」，幫忙分擔今日優勝美地山谷過於沉重的負擔。

原本和優勝美地山谷一樣有著森林與草原的黑淒黑奇山谷，現成了蓄水潭。

過去與未來

「優勝美地？有啊，怎麼會沒去過？哎呀，看來看去就那麼幾塊大石頭，人又那麼多！」聽到此話，雖不以為然，也只能無言以對。具幽谷飛瀑之美的優勝美地山谷常常人滿為患，是無可否認的事實。

這座國家公園，特別是那東西僅11公里長、南北平均僅800公尺寬的前山幽谷擁擠的程度，很久以來一直是公園經營政策上備受爭議的話題。優勝美地在1890年繼黃石與巨杉兩個國家公園後，成為美國第三個國家公園。1906年，山谷和馬里波沙巨木群由州政府交回聯邦管理，並擴大疆界至30萬公頃的規模。1954年遊客達100萬人次，僅僅13年後，在1967年遊客倍增至200萬人，而在20年後的1987年又增為300萬人；到了1990年代中葉，每年造訪者甚至超過400萬人次。

一遇到連休假日，優勝美地山谷常會出現塞車景象。

而遊客又大多密集在短短11公里長、面積猶不及整個國家公園占地百分之一的優勝美地山谷裡。

1984年，優勝美地國家公園被聯合國教科文組織列為世界自然遺產（World Heritage Site）。隨著訪客日增，過去幾十年來，園方為盡到「服務人群」宗旨，也相對興建許多便民設施。然而，旅館房間永遠不敷所需，很多遊客在幾個月前預約，仍住不進山谷；增建的停車場也永遠不敷使用，常見車子在路旁排等空位。尤其到了暑假，山谷車水馬龍與熙攘人群，讓人感受到如城市般熱鬧喧嘩的現象，不但影響閒情逸致的遊興，也讓遊憩品質每況愈下。這般經營方式原是為了便民，卻反而造成不便，甚至讓慕名而來者對優勝美地感到失望，實是大家所不樂見的。

要說優勝美地忽略了保護自然環境的重要職責，也不盡然，因為園方對荒野區制訂許多相關保育措施，只不過對山谷的擁擠，一直拿不出具體紓解方案。其實早在30年前──1970年代就有人提出諸多建議，當時園方也曾認真正視人車擁擠問題，並前所未有地號召六萬名關心民眾參與規畫過程，於1980年完成「總體經營計畫」（General Management Plan）。在這份計畫書中，擬定五個明確目標：

1. 重申無價的自然之美
2. 減低交通堵塞
3. 普及自然的更新過程
4. 減少擁擠現象
5. 增進訪客的認知與愉悅體驗

文件中並聲明：「公園服務處主要的責任，是要使優勝美地的自然壯麗能永存不朽。[⋯]公園服務處的打算，是將所有車輛自優勝美地山谷與馬里波沙巨木群撤除，並將開發方向導至公園邊緣地帶或更遠地區。同樣地，那受人讚頌的山谷荒野之美的本質，也將保存下來。」

然此計畫書頒布後，卻徒具虛文而未見實行。接下來近十年，只見交通量和遊客與日俱增，一些設施雖移到園外，但又在園內蓋了

新的。新道路不曾關閉，私人車輛也絲毫未受限制。終於，在1989年「對於整體經營計畫的檢討報告」中，園方坦承未能達成計畫書的目標。令人失望的是，這份檢討報告並未將焦點放在如何有效完成目標，反而指出諸多計畫在未來幾年不太可能施行；並要求新的發展方向，對於絕對必要的公園設施與服務項目，將予以重新評價。

為何會變成這樣呢？原因之一，是附近零售商與開發業者極力遊說民意代表，促使相關議案通過。1989年，公園內的業者甚至寄出九萬封信給以前的贊助者與主顧們，迫切慫恿大家寫信給園方，要求興建更多旅館房間與停車位，這真稱得上是為達目的不擇手段了。

1997年元月初，優勝美地發生百年罕見的大洪水，沖毀瑪瑟河沿途橋樑路面及很多人為設施。公園遇此浩劫，不得不關閉一段時間整修，卻因禍得福，獲得國會一筆可觀的重整經費，讓總體計畫的落實出現了轉機。

到了2000年，園方終於提出「優勝美地山谷最終計畫」（Final Yosemite Valley Plan），此計畫架構在1980年總體經營計畫之上，有超過250項具體行動，目的是朝既定的五大目標邁進。例如將興建一座新的遊客中心，日間停車場將提供550個車位；在120道路入口附近闢建一處停車場，讓日間訪客可以選擇搭交通車進入公園；優勝美地旅館（Yosemite Lodge）一些位於河水氾濫區的建築將遷移，以重整河岸生態環境；營地將劃分為休旅車（RV）區、附車位的帳篷區、徒步者營區等，有些營區並將增添淋浴設施；此外，園方將擴大交通車的服務地區，在山谷裡規劃更多行人步道與自行車專用道等。

上述改善措施，預計得花十年以上才能逐項完成，但畢竟是向前邁出了一步。最近一次造訪山谷，發現有不少拆遷工程正在進行，1980年總體經營計畫加上2000年優勝美地山谷最終計畫，這二十餘年的長期策畫，希望不再只是紙上談兵，而能讓優勝美地擁有更美好的未來。

從冰河點向東眺望，冰蝕U型谷鋪著墨綠森林；右為半穹頂，左為北穹頂與皇家拱門。

只緣身在此山中

　　秋意漸濃。趁高山區尚未冰雪封路，我們來到冰河點，海拔2199
公尺，不能算高，但如果可以，我們每次離開山谷前都會來這兒一
趟，似乎是作最後的巡禮，也是道別。

　　我極愛站在崖邊眺望，見風景從所站之處向四面八方伸展開去：
被冰河雕鑿削去一半的半穹頂，如精緻巨大的藝術石雕，屹立天地
間；其後是雲歇峰的磨光岩面，無論晴雨，總閃閃發亮；隔著緹納亞

峽谷，是北穹頂與皇家拱門（Royal Arch）；向東南看，山腰低處是自由帽（Liberty Cap）、雪之瀑布和春之瀑布；那陡峻的地勢，我永遠記得，是我們第一次下到優勝美地山谷的路徑，轟隆雷雨中，馬不停蹄的步伐，伴著瀑布震撼人心的交響樂曲。

　　望向遠方。花崗岩海起伏的廣袤天地間，東端綿延不絕的內華達山脈稜脊，是遠古冰河的起源，而我們曾從那遙遠的天際線，一路走來。漫遊在這花崗岩海中，親見原野多麼開闊，岩峰多麼峻拔，湖泊如此清湛，星空如此燦爛，連那隨性出沒的黑熊，都會帶來一些難以言喻的美麗悸動。

日暮時分，從提歐加路眺望半穹頂的另一側形貌。

美國當代自然作家安·茲文葛（Ann Zwinger）在其著作《優勝美地：雷鳴之谷》這麼描寫：

「我感覺到，優勝美地真正的瑰麗，是屬於重裝健行的人，那些以沉重的步伐前進，行走緩慢的旅行者，那些完成一次激烈攀爬等著心神回復、在高山原野中遇到雷雨交加的人，以及最重要的，是屬於那些讓夜的精靈滲入睡夢中的人。優勝美地真正的瑰麗，是屬於那些能在不舒服環境裡仍感到舒適的人，屬於那些對於恐懼、寒冷、潮濕、疲憊與饑餓仍能處之泰然的人，有時，還為之心醉神迷。」

而我們何其有幸，能看到她真正瑰麗的一面。不只是我們。1903年羅斯福總統和繆爾便曾在優勝美地荒野中露宿三天，讓夜的精靈滲入睡夢中；他們還並肩站在我們所佇立的冰河點，讚嘆眼前鬼斧神工的景致。繆爾當時曾說，多希望日後能有上百萬人（millions of people）目睹優勝美地之美，因為唯有讓人們了解她的美，他們才會因珍惜而保護。羅斯福總統起而力行，說道：「這些攸關所有人民福祉、維持生命所必需的偉大自然資源，應該交由所有人民來管理或控制之。」他讓這花崗幽谷重回聯邦保護，讓她百年美麗如昔。即至今日，又何止上百萬人從世界各地不遠千里而來？

看著蜿蜒山谷中宛如銀色絲帶的瑪瑟河，果如慈悲之河，是優勝美地的血脈與靈魂。河流兩旁是墨綠森林。不，不僅是墨綠，她的幽邃，深藏著季節變換的繽紛色彩。春瀑、夏花、秋楓、冬雪，我知道的。因為當她變成銀白世界，我們曾置身其中，怡然品嚐雪水煎茶；當春神飄然降臨山谷，我親見花茱萸的潔白花瓣猶如春之雪漫天飛舞著。當初夏腳步近了，隨風揚起的瀑布水霧自會形成一道美麗彩虹，在夕陽照耀下熠熠生輝。到了夏天，「山花開似錦，澗水湛如藍」，原野紅黃綠紫相間，高明度的爛漫色彩令人目不暇給。

入秋之際，似錦繁花逐漸銷聲匿跡，卻見金色秋葉愈形燦爛，彷彿不顧一切，極盡揮霍生命華麗之美。當冬天再度來臨，寒風乍起，秋葉落盡，萬般繁華轉眼成空，山谷變得蕭瑟枯寂。我卻再度滿懷期待，期待盛大暴風雪來臨，讓樹枝開滿朵朵雪花；期待高山積雪能及早融化，在冬去春來之際，重現令人驚豔的馬尾瀑布……

「天堂不僅是在我的頭頂，也同時在我們腳下。」梭羅泛指大地萬物，但站在冰河點居高臨下，我更有這樣的感覺。

在冰河點西側，是哨兵穹頂。峰頂曾矗立一棵傑弗瑞松（Jeffrey Pine）。孤伶伶地，像個寂寞而堅毅的山居老人，粗糙的外表，執拗的脾氣，乖戾的性格，倔強不屈的精神。

這不是一棵簡單的樹。早在1867年，瓦金斯（Carleton Watkins）就拍攝了這棵樹。安瑟‧亞當斯也曾為它留下倩影。這棵樹大概是優勝美地曝光率最高的一棵樹，受到無數登門造訪的人喜愛。1976及77年連續兩年嚴重乾旱，這位年高德劭的長老終於熬不過，死了。聽說那時還有人提了水桶上去，想設法救活它。葛倫‧羅威在1978年去探望它，發現這棵死去的樹，葉兒已全掉光了。

枯了，它仍一直站在那兒。禿了，更形塑它簡單的容貌。我們久仰盛名，卻遲至2001年才去探望這棵傳說中的樹。發現很多人跟我們一樣，爬到峰頂就為了瞻仰這棵已死的松。別人都走了，我們仍待在枯木旁，等日落，等黃昏最美的光線，溫暖揮灑在它堅強的軀幹上。由蒼白、而淡黃、而金澄。在夕陽隱沒於地平線之前，映著幻夢般的粉紅色澤。原來它竟也和半穹頂一樣，本身似乎會散發出玫瑰色光芒！

2003年8月，這棵枯松終於倒了下來。園方推測是因為8月初內華達山區猛烈的暴風雨所致。聽到這則消息，不禁悵然若有所失，卻感

到些微的慶幸。畢竟當我們滿懷期待爬上哨兵穹頂時，它還沒倒下，還屹立在那兒，彷彿伸展雙臂迎接我們到來。

我也為它留了影，一張又一張。看著手中照片，昔日黃昏中的它，簡單的枝幹線條勾勒出一股堅毅的優雅，隱含天地間無盡的諧美，好一幅永恆的畫像。

只緣身在此山中。經過了十幾年，累積了這麼多無法磨滅的美麗記憶，我愈來愈能體會繆爾對優勝美地那份執著而深厚的感情。正如他所說的：

左：獨自屹立於哨兵穹頂峰頂的
　　傑弗瑞松，近年樹身已倒
　　塌。

右：落日襯出哨兵穹頂上傑弗瑞
　　松剪影，讓人想到繆爾曾
　　說，願像一棵樹般，用一生
　　的時間永遠駐留此地。

「這高貴公園的廣大豐饒，

足以讓人窮畢生之力來研究、欣賞其美學……

它的自然之美就像火一般潔淨與溫暖，

而你將會願意像棵樹般，

永遠駐留此地。」

秋去冬來，庫克草原上的橡樹隨著時序更迭而覆滿白雪。圖為本書132-133頁秋葉掉光的冬景。

參考文獻&書目

· Adams, Ansel. *An Autobiography*. First Trade Paperback Edition, New York: Little, Brown and Company, 1996.

· 《光與影的一生──安瑟‧亞當斯回憶錄》，安瑟‧亞當斯著，宋偉航譯。允晨文化，1999年出版。

· Adams, Ansel. *Examples - The Making of 40 Photographs*. First Paperback Edition, New York: Little, Brown and Company, 1989.

· Ehrlich, Gretel. *John Muir Nature's Visionary*. National Geographic Society, 2000.

· Frye, Michael. *The Photographer's Guide to Yosemite*. Yosemite Association, 2000.

· Harris, Ann G. & Esther Tuttle. *Geology of National Parks*. 4th Edition, Kendall / Hunt Publishing Company, 1990.

· Jones, William R. *Domes, Cliffs, and Waterfalls - A Brief Geology of Yosemite Valley*. Yosemite Association, 1990.

· Muir, John. *My First Summer in the Sierra*. First Mariner Books Edition, Houghton Mifflin Company, 1998.

· 《夏日走過山間》，約翰‧繆爾著，陳雅雲譯。天下遠見，1998年出版。

· Muir, John. *The Wild Muir: Twenty-Two of John Muir's Greatest Adventures*. Edited by Lee Stetson, Illustrator: Fiona King, Yosemite Association, 1994.

· 《國家公園之父──蠻荒的繆爾》，約翰‧繆爾著，李‧史戴森編，張美惠譯。張老師文化，2000年出版。

· Muir, John. *The Yosemite*. Modern Library Paperback Edition, Random House, Inc. 2003.

· Rowell, Galen. *Galen Rowell's Vision - The Art of Adventure Photography*. San Francisco: Sierra Club Books, 1993.

· Rowell, Galen. *Mountain Light - In Search of the Dynamic Landscape*. Second Edition, San Francisco: Sierra Club Books, 1995.

· Rowell, Galen. *Yosemite & The Wild Sierra*. Seattle: Sasquatch Books, 2003.

· Schaffer, Jeffrey P. *Yosemite National Park - A Natural-History Guide to Yosemite and Its Trails*. Fourth Edition. Berkeley: Wilderness Press, 1999.

· Thoreau, Henry David. *Walden and Other Writings*. Modern Library Paperback Edition, Random House, Inc.1992.

· 《湖濱散記》，孔繁雲譯。志文出版社，1999年出版。

· Zwinger, Ann. *Yosemite: The Valley of Thunder*. San Francisco: Harper Collins Publishers, 1996.

· 《小地形學》，鄒豹君著。台灣開明書店，1983年3版發行。

· 《愛默森選集》，張愛玲譯。皇冠文化典藏版，1992年出版。

Bibliography

實用的網站

· 優勝美地國家公園網站：http://www.nps.gov/yose/index.htm
  道路與天氣狀況語音查詢專線：+1 209 372 0200

· 優勝美地旅館訂房網站：http://www.yosemitepark.com
  旅館訂房專線：+1 559 252 4848

· 優勝美地營地訂位網站：http://reservations.nps.gov
  營地訂位專線，美國國內免費電話：800 436 7275
  從美國以外地區預訂營地，請撥：+1 301 722 1257

· 優勝美地「荒野許可」（Wilderness permits）相關資訊：
  http://www.nps.gov/yose/wilderness/permits.htm

Park Information

優勝美地四季之歌 Yosemite Four Seasons

撰　　文：林心雅（Hsin-ya Lin）

攝　　影：李文堯（Wen-yao Li）＆林心雅

地圖繪製：李文堯

文字編輯：曹　慧

美術編輯：林麗華

企　　畫：張震洲

董 事 長
　　　　：孫思照
發 行 人

總 經 理：莫昭平

總 編 輯：林馨琴

出 版 者：時報文化出版企業股份有限公司

　　　　　10803台北市和平西路三段240號4樓

　　　　　發行專線：(02) 2306-6842

　　　　　讀者服務專線：0800-231-705　(02) 2304-7103

　　　　　讀者服務傳真：(02) 2304-6858

　　　　　郵撥：19344724 時報文化出版公司

　　　　　信箱：台北郵政79-99信箱

時報悅讀網：http://www.readingtimes.com.tw

電子郵件信箱：know@readingtimes.com.tw

法律顧問：理律法律事務所 陳長文律師、李念祖律師

印　　刷：詠豐彩色印刷有限公司

初版一刷：2006年7月10日

定　　價：新台幣360元

行政院新聞局局版北市業字第80號

ISBN　957-13-4499-0

　　　　978-957-13-4499-7